Annaluisa Corvaglia

RIFLESSOLOGIA PLANTARE E GRAVIDANZA

Accompagnare e migliorare il cammino verso una nuova vita attraverso l'interazione tra Riflessologia Plantare e Fiori di Bach durante la gravidanza

Youcanprint *Self – Publishing*

Titolo | Riflessologia plantare e gravidanza
Autore | Annaluisa Corvaglia
ISBN | 978-88-91125-89-7

Youcanprint Self-Publishing
Via Roma, 73 – 73039 Tricase (LE) – Italy
www.youcanprint.it
info@youcanprint.it
Facebook: facebook.com/youcanprint.it
Twitter: twitter.com/youcanprintit

INDICE

Introduzione

Scelta dell'argomento

Nel nostro secolo la scienza è arrivata a compiere grandissimi passi avanti, ed è riuscita a penetrare in profondità in molti segreti della natura, tra cui quelli della vita e della sua complessità. Un seme che diventa erba, terra che diventa fiori, frutti e piante, cuccioli che crescono, diventando parte integrante di un cerchio infinito.

L'affermazione che le esperienze del dolore, del piacere, della sofferenza e della gioia, accompagnano l'essere umano dalla culla alla tomba non è certo una frase retorica.

Benessere e malessere sono infatti esperienze primordiali dell'essere umano fin dalla nascita che lo accompagneranno lungo tutto l'arco della sua esistenza.

La donna avrà forse un esperienza in più, una fase importante e molto delicata della vita che all'uomo non sarà data possibilità di conoscere e affrontare: il periodo della gravidanza, che permetterà alla donna di dare alla luce il proprio figlio.

Le mie esperienze lavorative quotidiane da ben tre anni, mi hanno portato ad osservare e palpare numerosissimi piedi di diverse nazionalità, culture, sesso, età.

Ogni giorno di lavoro, grazie alla mia passione, mi soffermo molto ad osservare i piedi dei clienti durante il massaggio di Riflessologia Plantare ma anche durante altri trattamenti mi ritaglio un piccolo spazio di tempo da dedicare ai piedi.

Vado sempre alla ricerca di tratti comuni, e osservo come i diversi stili di vita e culture e influenzino il corpo e in questo caso i tratti del piede.
La mia attenzione si è rivolta principalmente alle differenze presenti nei piedi delle donne in gravidanza rispetto ai piedi di una donna che non è in gestazione.
La scelta di questo argomento, è scaturita dalla voglia di approfondire l'interazione tra due tecniche terapeutiche applicate su donne in gravidanza. La prima tecnica, la Riflesso Terapia Podalica , è una tecnica terapeutica applicata principalmente sul piede.
Su di esso si trovano le zone riflesse di tutti gli organi e zone del corpo e applicando la terapia Riflessologica, si può avere un effetto o influire sull'organo corrispondente al punto riflesso stimolato.
La seconda tecnica è la Floriterapia, che lavora per il benessere della persona riequilibrando le emozioni.
In un determinato momento della vita può accadere che esse siano disarmoniche, perciò le miscele di fiori lavorano a livello energetico per riequilibrare eventuali disarmonie.
Dopo l'introduzione appena fatta andrò avanti spiegando brevemente i cambiamenti fisiologici che una donna in gravidanza subisce, poi farò un breve accenno su che cosa è la Riflessologia Plantare e che cosa sono i Fiori di Bach, andremo a vedere i benefici che la Riflessologia Plantare può dare da sola e soprattutto in interazione all'uso dei Fiori di Bach.
Ho seguito tre casi, il caso A dal quarto mese in poi, il caso B dalla fine del quinto mese e il caso C dal sesto mese.
Parlerò poi dei criteri di scelta e della valutazione che ho seguito nell'indicare i Fiori di Bach che ho pensato fossero utili alle future mamme che ho preso in esame.
Ho verificato degli effetti dei trattamenti e sono giunta a delle conclusioni.

Lo scopo della mia tesi è dimostrare come nei casi che ho seguito, attraverso la terapia continuativa e sistematica della Riflessologia Plantare e l'uso dei Fiori di Bach, vi siano stati dei miglioramenti sia visivi, sia posturali, sia di atteggiamento nell'affrontare la gravidanza.

Per visivi intendo proprio dei cambiamenti che il piede attua durante l'intero ciclo di trattamenti.

Tutto ciò ha portato a dei cambiamenti emotivi, cioè ha dato più sicurezza e più stima di se stesse, più voglia di andare avanti e più libertà di sfogare i loro problemi e la loro rabbia.

Capitolo 1

Codifica dell'informazione

1.1 - Breve accenno su i cambiamenti fisiologici di una donna in gravidanza

La gravidanza rappresenta per ogni donna un evento unico e assolutamente speciale.

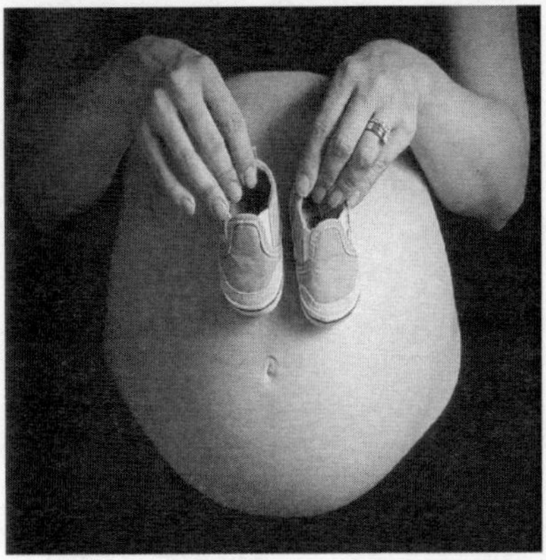

Un essere umano si sviluppa e cresce attraverso un altro essere umano per poi nascere.

Diventare mamma, perciò, è un'esperienza emozionale, fisica e mentale, fortissima.

Durante questo periodo si avranno dei cambiamenti fisiologici importanti.

Questi cambiamenti si avranno grazie a specifici ormoni presenti nella donna in gravidanza, che permettono alla madre di nutrire il feto e preparare al meglio il proprio corpo per il travaglio.

Si sviluppa il seno e si accumula tessuto adiposo per avere energia necessaria alla produzione di latte.

Non è mai da trascurare che gli stessi ormoni influenzano lo stato psicologico della donna gravida che interagendo con tutti i fattori esterni portano ad uno stato psicofisico senza pari.

E' fondamentale esserne consapevoli quando si approccia una donna in questo specifica e fondamentale fase della sua vita.

L'organo causa di tutte queste modificazioni è l'utero che continua a crescere durante le prime 20 settimane tanto da aumentare di 15 volte il proprio peso e addirittura oltre 100 volte il suo volume.

Già alla 10 settimana anche se il feto è ancora molto piccolo, l'utero inizia ad avere dimensioni importanti proprio per crearsi uno spazio adeguato tra gli altri organi.

La progressiva crescita porta l'utero alla 36° settimana a raggiungere lo sterno e solo con l'incanalarsi nella piccola pelvi del feto in preparazione del travaglio si verifica un suo abbassamento.

A livello del cuore, per far fronte allo stato gravidico, si registra un aumento di volume e generalmente uno spostamento del muscolo cardiaco verso sinistra.

In fase di gravidanza inoltrata la portata cardiaca aumenta ben del 35-40% per aumento della frequenza del battito e per il sensibile aumento del volume ematico che per la parte plasmatica arriva ad avere un aumento anche del 50%.

In una gravidanza fisiologica la pressione sanguigna tende ad essere più bassa proprio per compensare, con una sensibile riduzione delle resistenze periferiche, l'aumento di portata cardiaca.

Anche il sistema respiratorio subisce cambiamenti sostanziali, l'esigenza di portare ossigeno al feto è primaria, quindi alla crescita dell'utero si verifica un sensibile spostamento delle coste tanto che l'utero arriva a lambire e comprimere il diaframma.

Spesso erroneamente si pensa che la donna gravida abbia una respirazione più difficoltosa, ma se la situazione meccanica risulta effettivamente più faticosa, grazie all'effetto del progesterone che agisce sul centro respiratorio ipotalamico si riduce la soglia per la pCO2 permettendo una respirazione più profonda.

Gli alveoli polmonari sono soggetti ad un espansione maggiore, fenomeno che migliora sensibilmente gli scambi gassosi.

Il volume respiratorio aumenta senza aumentare la frequenza degli atti respiratori.

Questi cambiamenti permettono di passare da sette a undici litri la quantità d' aria respirata per minuto.

Non sono trascurabili nemmeno i cambiamenti a carico del sistema gastrointestinale; sono noti i disturbi dei primi mesi come nausea e vomito, ma di sostanziale rilevanza, a causa degli aumentati livelli di progesterone, si verifica un generale rilassamento della muscolatura liscia creando rallentamento digestivo e peristaltico dell'intestino, rallentamento utile a rendere migliore l'assorbimento dei nutrimenti durante il transito intestinale.

Questa è una caratteristica che a volte crea effetti indesiderati, come bruciori di stomaco da reflusso gastroesofageo per il rilassamento del cardias.

Come descritto, tutto l'organismo và incontro a straordinari e relativamente rapidi cambiamenti che raggiungono anche l'apparato muscolo scheletrico.

Le modificazioni scheletriche sono di nostro particolare interesse, infatti, dovendo formulare la proposta motoria, dobbiamo tenere conto anche di questi fattori che influenzano i parametri posturali.

Durante la gravidanza il progesterone e la relaxina favoriscono il rilassamento di legamenti e muscoli, raggiungendo i massimi livelli proprio ultime settimane.

I cambiamenti ormonali incidono sensibilmente sulle zone delle articolazioni

sacroiliache, sulla sinfisi pubica e sulla mobilità del coccige che deve poter

spostarsi posteriormente per favorire la fuoriuscita del bambino.

Queste modifiche possono avvenire se tutte queste strutture in partenza sono perfettamente mobili.

1.2 - Che cosa è la Riflesso Terapia Podalica?

La Riflesso Terapia Podalica è una tecnica basata sulla pressione di specifici punti riflessogeni del piede. Si fonda sull'assunto che tali zone ricordino forma e posizione dell'organo o tessuto dell'organismo stesso (principio delle analogie delle forme).

Considerando il fatto che sul piede si trovano le zone riflesse di tutte le zone del corpo, risulta evidente il motivo per cui, attraverso il trattamento di questa specifica zona del corpo, si apporti beneficio a tutto il resto.

Non deve sembrare un fatto strano perché ogni zona dell'organismo ha corrispondenze con altre, come sapevano i popoli antichi e sappiamo ancora oggi in maniera più razionale.

Attraverso la manipolazione del piede siamo in grado di indurre le capacità di riequilibrio di un organismo malato, pur senza interferire con il compito primario del medico, che ha per primo la responsabilità e il dovere di curare il malato.

L'esperienza mi insegna che noi riflessologi dobbiamo agire da mediatore per attivare il potenziale auto curativo, con lo scopo di far scattare i meccanismi che riportano il corpo all'omeostasi .

Nel caso specifico delle donne in gravidanza, ho notato che hanno un continuo bisogno di potersi rilassare ed essere rassicurate per affrontare l'esperienza, forse più travolgente della vita.

Questo periodo rappresenta infatti un momento di profondo cambiamento fisico e psicologico, di possibile crescita personale e di coppia.

La Riflessologia Plantare in questo caso e in tantissimi altri casi è perfetta perché non si limita ad un semplice massaggio, ma offre un'esperienza interumana immediata,"poiché venir toccati esternamente ed essere toccati internamente sono tra loro in relazione e in scambio reciproco"[1]

Tutto questo consente di rispondere a quella necessità di contatto corporeo che ritengo si faccia sempre più crescente oggi giorno.

La Riflessologia Plantare è una tecnica che, partendo dallo studio del corpo umano nella sua totalità, riesce a ristabilire uno stato di armonia a livello energetico, metabolico e posturale.

---

[1] Riflessologia plantare in travaglio di. Pizzi, A. Sorace, M.G. Pellegrini (13/06/2013)

1.3 - Che cosa sono i Fiori di Bach

Agli inizi degli anni trenta un medico inglese, il dott. Edward Bach, famoso patologo, immunologo e batteriologo, riteneva che la malattia non fosse altro che una manifestazione nel corpo dovuto ad uno squilibrio a livello emozionale, cosìsi dedicò alla ricerca di un metodo di cura che potesse risalire alla causa reale del problema, riarmonizzando il conflitto interiore.

Per il dott. Bach la malattia era una conseguenza della disarmonia tra corpo e anima, non un"... difetto di funzionamento della macchina uomo ..." [2].

Egli riteneva che i sintomi della malattia rappresentassero l'espressione esteriore, la manifestazione fisica di stati d'animo negativi.

Il suo postulato era: «Cura l'uomo, non la malattia». Bach pensava che le cause delle malattie fossero gli stati d'animo negativi come preoccupazioni, paura, insoddisfazione, impazienza, tristezza ecc., perciò si dedicò alla ricerca di rimedi che agissero su queste cause interiori.

Scoprì e divulgò le proprietà curative di 38 piante, oggi note come Rimedi Floreali di Bach, capaci di agire su altrettanti stati d'animo negativi spesso aventi conseguenze sul piano fisico.

Dice il dott. Bach : «La malattia è essenzialmente il risultato di un conflitto tra l'anima e la mente. »

---

[2] http://www.alkaemia.it/fioribach_cosasono.php (14/06/2013).

I Fiori di Bach restituiscono armonia alla nostra vita, puliscono un eventuale stato di malessere, lasciando posto alla serenità, al coraggio, alla capacità di saper scegliere il meglio per se stessi.

Per comprendere come agiscano le essenze floreali è innanzitutto necessario assimilare il concetto secondo il quale ogni cosa vivente è infusa di energia, o forza vitale.

Non è possibile vedere né toccare tale energia ma, come l'aria che si respira, essa è indispensabile per la vita.

Se per molti occidentali è difficile accettare l'idea che esista qualcosa al di là della materialità, per le popolazioni orientali si tratta di una nozione scontata.

Il potere curativo dei Fiori è contenuto nelle loro particolari qualità energetiche o vibrazionali.

Come tutte le entità viventi, anche l'uomo è infuso di energia.

Un'energia che permea ogni parte del suo essere e la cui abbondanza va di pari passo con lo stato di salute e il livello di vitalità.

Le essenze floreali lavorano con l'individuo, gli permettono di "vedere" gli squilibri che sono dentro di lui e gli permettono di liberarsi di ciò che gli impedisce di essere felice.

La Floriterapia è una cura semplice, naturale ed universale che riporta ordine e armonia nella mente e nel corpo.
Costituisce anche uno strumento di conoscenza e di gestione delle proprie emozioni, quindi è una chiave di crescita e di evoluzione spirituale.

Abbiamo visto parlando delle due tecniche qui sopra analizzate che, pur essendo molto diverse tra loro, mirano entrambe all'equilibrio tra mente corpo e spirito come un tutto uno e non solo come la somma di tanti parti.

Per questo in seguito analizzeremo gli effetti che possono dare le due terapie utilizzate contemporaneamente.

Capitolo 2

I benefici della Riflessologia in gravidanza

2.1 - I benefici della Riflesso Terapia Podalica in gravidanza

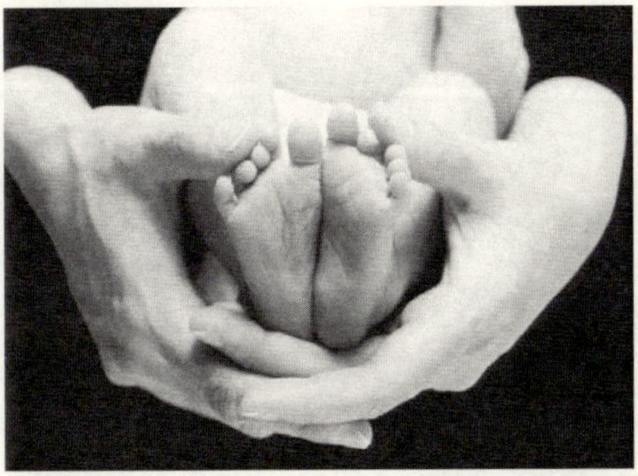

Nel particolare periodo della gravidanza, i disturbi più frequenti che le gestanti si trovano ad affrontare sono di carattere gastrointestinale.
Soprattutto nelle prime 12-14 settimane, la nausea e il vomito compaiono molto frequentemente, e di solito vengono contrastati sia con una dieta appropriata che preveda l'eliminazione di grassi e spezie, di alimenti crudi, sia con l'ausilio di farmaci in grado di controllare la motilità gastrica.
Inoltre, le modificate condizioni ormonali e la maggior pressione addominale causata dall'accrescimento uterino, possono portare alla comparsa o all'accentuazione del reflusso gastroesofageo, con la fastidiosa sintomatologia di pirosi e rigurgito nell'esofago di sostanze acide.
Anche in questo caso, vengono consigliati particolari accorgimenti nella dieta e nello stile di vita.

Sempre per le variazioni ormonali, si determina un rilassamento della muscolatura liscia intestinale, che comporta spesso una maggior difficoltà nell'eliminazione fecale, fino a causare stipsi.
Problematiche legate all'apparato osteoarticolare possono insorgere verso la fine della gravidanza, dove l'aumento del peso corporeo può causare dolori soprattutto alla colonna vertebrale nel tratto lombosacrale.
Le accresciute dimensioni dell'utero possono determinare anche una compressione sui vasi sanguigni della zona pelvica, con conseguenze legate a un difficoltoso ritorno venoso, con comparsa di gonfiori alle gambe.
Quindi i disturbi più comuni come abbiamo appena detto sono: congestione degli arti inferiori, sciatalgia, cistite, circolazione e respirazione, disturbi gastrointestinali, disturbi del sonno , per non parlare degli sbalzi di umore[3].
Perciò una futura mamma ha " tutte le carte in regola" per sottoporsi a delle sedute di Riflessologia Plantare.
Una buon ciclo di trattamenti di Riflessologia Plantare svolto in gravidanza può permettere di eliminare o ridurre l'uso di medicinali.
Ha poi lo scopo di tonificare e riequilibrare l'organismo della madre nella sua interezza, permettendo l'allentamento delle tensioni e dello stress che si accompagnano alla "nuova" condizione e inducendo un benefico rilassamento.
La Riflesso Terapia Podalica aiuta a contrastare infatti efficacemente sciatalgie e lombalgie dovute alla temporanea iperlordosi della colonna vertebrale.
La Riflessologia del piede migliora poi la circolazione sanguigna e linfatica, attivando una maggiore ossigenazione dei tessuti ed eliminando le tossine, apportando un maggior nutrimento alle cellule e favorendo la circolazione di ritorno.

---

[3] http://guide.supereva.it/naturopatia/interventi/2010/01/Riflessologia-Plantare-in-gravidanza (18/06/2013)

Aiuta a ripristinare inoltre le funzioni vitali e rafforza il sistema immunitario aumentando le difese, aspetto fondamentale per le gestanti che possibilmente dovrebbero evitare influenze, raffreddori e affezioni delle vie respiratorie,
considerando anche l'impossibilità di utilizzare i farmaci presi abitualmente.
Aiuta inoltre a mantenere una corretta postura, sostenendo il tono della muscolatura, fondamentale per il parto e nel periodo ad esso successivo, facendo trovare il corpo già pronto per la "rimessa in forma".
Armonizza infine la funzionalità intestinale, contrastando i fastidi e il rallentamento intestinale che interessano tante mamme in attesa.
Perché i benefici di questa tecnica si sentano, è opportuno però sottoporsi a cicli di sedute continuativi e non a trattamenti isolati, che non darebbero risultati duraturi.
E ovviamente lo stato di benessere che la Riflessologia regala alla mamma si estende anche al bambino e getta i semi per un parto sereno e uno sviluppo armonico.
Secondo la teoria di Robert St. John, i benefici riportati dalla madre in seguito ai trattamenti di riflessologia, sono estendibili anche al feto[4].
A proposito di questo introduco brevemente la teoria del massaggio metamorfico che si occupa di lavorare sui 9 mesi di gestazione (riflessi temporali), per rimuovere i blocchi energetici che si sono eventualmente verificati in quel periodo.
Ci tengo a precisare che non ho usato questa metodologia sui mie tre casi, ma è una teoria molto interessante con attinenza al periodo gestazionale, che merita un breve accenno.
Secondo questa teoria, la zona del tallone è in stretta relazione con la madre, tanto da essere definita: Principio Materno.

---

4 http://www.naturopatiaeuropea.it/cms/Enciclopedia/Massaggio%20metamorfico.html (20/06/2013)

Nella zona mediale dell'alluce sono collocati i problemi di interazione sociale relativi al padre: Principio Paterno. Il percorso tra l'alluce ed il tallone coincide con il periodo di gestazione.

In definitiva St. John aveva scoperto la relazione riflessologica del piede con le fasi temporali ed evolutive che nei nove mesi di gravidanza costituiscono a vari livelli (fisico, psichico, ecc.) l'individuo.

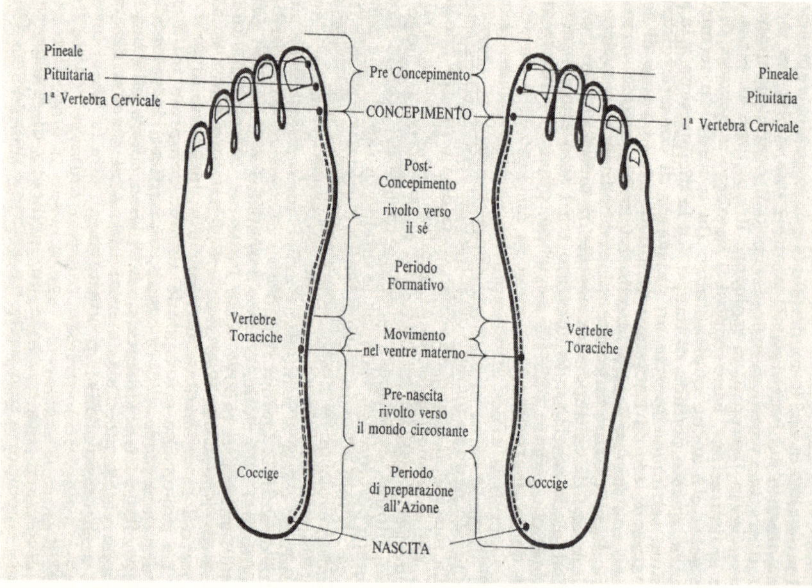

Tale approccio venne definito Terapia Prenatale.

Nello Schema Prenatale si rintracciano due momenti: quello fisico e quello psicologico; il primo legato alla corporeità, il secondo alla coscienza.

Ponendo il piede verticalmente, l'alluce corrisponde al momento del concepimento, mentre il tallone a quello della nascita (38ma settimana); nei passaggi intermedi si viene a definire una ipotetica

scala graduata che partendo dall'alluce sino al calcagno segnala le fasi di formazione dell'embrione e del feto.
Robert St. John indica che i vari momenti transitivi dei nove mesi di gestazione, si riflettono lungo tutta la colonna vertebrale, così eventuali blocchi o problematiche sarebbero da far risalire al periodo di gestazione.
Il momento della nascita corrisponde al tallone e la sua proiezione vertebrale coincide con la zona del coccige.
Tali corrispondenze energetiche riflesse rimangono presenti per tutta la vita

2.2. - Le controindicazioni della Riflesso Terapia Podalica in gravidanza

Anche se ci sono poche controindicazioni alla riflessologia in gravidanza, il consiglio è di non affidarsi a mani inesperte perché i massaggi sono di moda e sempre più persone seguono programmi di formazione di Riflessologia che lasciano a desiderare: formazioni che durano un weekend, o addirittura per corrispondenza.
Queste persone non hanno dunque le competenze e l'esperienza necessarie per alleviare i disturbi della gravidanza, tanto più che questo periodo è molto importante per la donna e il bambino.
La Riflessologia[5] è come l'esercizio fisico; dovrebbe avvenire gradualmente.
Tuttavia, vi sono alcune condizioni in cui dovrebbe essere evitato del tutto e questi sono:

- Travaglio pre-termine - in qualsiasi momento prima di 37 settimane di gestazione.

---

5 http://gravidanza.doctissimo.it/durante-gravidanza/cure-prenatali/benefici-Riflessologia-Plantare-gravidanza.html (01/07/2013)

- Placenta previa - se di grado II o III, dopo 32 settimane di gestazione.
- Hydroamnios - se c'è troppo liquido amniotico intorno al bambino dopo le 32 settimane di gestazione si raccomanda di non praticare più Riflessologia Plantare.
- durante i primi 3 mesi di gravidanza in ogni caso anche se la gravidanza prosegue in modo normale è meglio evitare i trattamenti di Riflessologia Plantare, come raccomanda Stéphanie Bret, ostetrica specializzata in Riflessologia per donne incinte.
- In caso di riposo rigoroso o di sanguinamento vaginale, meglio non sottoporsi al trattamento di Riflessoterapia Podalica.

Allo stesso tempo, occorre evitare di soffermarsi a lungo sulle zone riflesse degli organi genitali e sulla zona pelvica, in quanto la loro stimolazione al livello del piede potrebbe provocare contrazioni.

Nonostante sia necessario prendere precauzioni, sempre più i reparti maternità raccomandano la Riflessologia Plantare, riconosciuta per dare sollievo e calmare le tensioni delle future mamme[6].

---

[6] (riflesselogo che ha messo a punto una tecnica di Riflessologia Plantare per le donne incinte assieme ad un 'ostetrica e un osteopata, giugno 2010

Capitolo 3

Raccolta dati e presentazione dei casi

Per effettuare la ricerca per la presente tesi, mi sono rivolta a persone che stavano effettuando presso di me la Terapia Podalica in gravidanza e alcune che avrebbero voluto iniziare di lì a poco.
Sono state informate sulla natura della ricerca e si sono mostrate tutte molto interessate e desiderose di leggere quello che poi avrei scritto.
In allegato vi sono le "mappe individuali", ovvero le mappe sulle quali sono evidenziate le zone alterate del piede e le zone riflesse sul piede degli organi o apparati a danno dei quali, al momento dell'indagine, il cliente presenta il sintomo.
La "mappa individuale" viene effettuata durante il "primo trattamento", l'incontro durante il quale il terapeuta effettua la verifica delle zone alterate dal punto di vista visivo (ispessimenti, spellature e così via) e palpatorio (punti sul piede dolenti alla pressione), oltre a caratteristiche del piede come struttura ossea, stato dei tessuti, colore, umidità e così via.
In tutti e tre i casi da me seguiti, il primo trattamento viene fatto dopo il terzo mese, dopo essermi assicurata che nessuna avesse avuto problemi durante il primo trimestre.
Per quanto riguarda il metodo usato nella somministrazione dei Fiori di Bach ho usato il metodo della docente Perla Graffeo.
Spesso riporterò tra virgolette parole o frasi utilizzate dagli stesse donne, quando quella parola o frase rende in maniera ottimale il senso di ciò che intendevano dire.

Qui di seguito presenterò brevemente la situazione generale dei clienti e quella specifica del momento in cui è stata effettuata la mappa, per ulteriori dettagli rimando dunque alla visione degli allegati.

3.1 - Il Caso A

A, cosi la chiameremo, è una ragazza di 28 anni molto bella,di costituzione magra, vive tra Roma e Milano perché occasionalmente fa la modella.

Ha una vita economicamente agiata, ha una casa al centro di Roma, sembra non mancarle niente perché è sempre perfettamente vestita alla moda, truccata e con la piega sempre appena fatta.

All'apparenza sembra molto felice e equilibrata, fuma ma pratica molto sport, infatti ha un fisico molto asciutto.

Frequenta un uomo molto ricco, più grande di lei di 20 anni , sposato.

Desiderava un figlio già da tempo dalla relazione non regolare che ha con questo uomo molto più grande di lei e che ormai và avanti da anni.

Quando le ho proposto di sottoporsi a dei trattamenti di Riflessologia con me spiegandole che il materiale raccolto mi sarebbe servito per la tesi, è stata entusiasta e desiderosa di iniziare al più presto, anche se abbiamo aspettato il quarto mese per iniziare (quando lei si è sentita pronta, superati i 3 mesi di gravidanza) .

Referto visivo: La signora A presenta un piede più grande in proporzione al suo corpo che è di ossatura robusta.

Il piede le somiglia poco, ed è nel complesso caldo e un po' secco intorno al calcagno, presenta un tessuto un po' spesso intorno ai malleoli e le unghie sono leggermente arcuate.

Il primo dito presenta un leggero ispessimento nella parte laterale.
Sono presenti ispessimenti nella zona riflessa della spalla.
Presenta poi in maniera abbastanza evidente la zona dei cuscinetti plantari gonfia calda e rossa, la sensazione che ho avuto è che il piede fosse abbastanza rigido.
Referto palpatorio : Verificando le zone algiche nel piede, sempre nel corso del primo trattamento, ho notato che la maggior parte di esse risultano a carico del sistema mio-osteo-articolare e del sistema digerente.
Il dolore maggiore alla pressione è localizzato nelle zone riflesse della colonna vertebrale su entrambi i piedi, specialmente nella zona lombare e nella zona riflessa del fegato nella suo posizione plantare, presenta dolore anche nella zona riflessa dell'esofago, piloro, cardias e dello stomaco.

3.2 - Il Caso B

La signora B è già mamma di una fantastica bambina di 3 anni, lei ne ha 32, sposata da 6. E' una donna molto intraprendente, piena di energia, di idee e di voglia di fare, lavora e ogni giorno deve trascorrere un'ora in macchina per arrivare al posto di lavoro.
Ha una corporatura un po' rotonda, un bellissimo viso sempre molto sorridente.
Non pratica alcuno sport, ma le piacerebbe andare a correre all'aria aperta.Nell'ultimo periodo mentre eseguivo su di lei dei trattamenti diversi dalla Riflessologia Plantare, si lamentava del fatto che era stanca di andare su e giù per il lavoro e di lasciare tanto tempo la bambina da sola pagando anche baby sitter e asilo nido.

Diceva anche di voler cambiare lavoro ma non sapeva cosa fare, aveva cambiato molti lavoro e si era trovata sempre bene, perché è una persona molto sveglia capace di imparare subito.
Ha una predisposizione nel fare le cose con attenzione in ogni ambito quindi nel ruolo di mamma è molto attenta e premurosa, le piace cucinare soprattutto i dolci e devo dire che ho avuto la prova che sia anche molto brava.
La scoperta di essere incinta è stata un po' inaspettata ma presa abbastanza Bene. Quando le ho proposto di essere seguita da me attraverso la terapia riflessologica, anche lei è stata molto entusiasta e lusingata del fatto che avessi scelto lei, io da parte mia l'ho ringraziata molto.
La signora B si cura spesso con medicine omeopatiche cerca sempre su internet o attraverso libri metodi diciamo non convenzionali di cura e aveva sentito parlare dei Fiori di Bach.
Al momento del primo incontro lamenta dolore e rigidità alla spalla destra e soffre di problemi alla cervicale, e ogni tanto le capita di avere bruciori durante la fase della minzione.
Referto visivo: Il piede le somiglia molto ha una dimensione piccola un po' come la sua altezza, si presenta molto curato.
E' piuttosto gonfio sulla parte dorsale e intorno ai malleoli, presenta tante linee verticali nella zona dell' acqua.
Secondo la lettura energetica, il piede viene diviso in quattro elementi terra, acqua, fuoco e aria.
La terra è l'elemento pesante, indica ciò di cui io "ho bisogno"riguarda un po' la materialità; l'acqua rispecchia la parte emotiva di una persona; il fuoco è la parte dinamica può essere l'impulsività, l'azione e infine l'aria è l'elemento del pensiero e della percezione.
La signora B presenta numerose linee nella zona dell'acqua orizzontali quindi delle linee che vanno verso la zona riflessa dei

reni: secondo l'interpretazione psicosomatica dei segni, ciò indica che potrebbe essere una persona molto ansiosa.

Ha un ispessimento sulla zona riflessa della spalla sul piede destro, presenta alcuni capillari evidenti concentrati nella zona del malleolo interno entrambi i piedi.

Referto palpatorio: al tatto il piede si presenta all'inizio asciutto ma soltanto con poche manovre di scioglimento comincia a diventare umido.

La signora avverte dolore nella zona riflessa cervicale e lombo sacrale su entrambi i piedi ma più intenso sul piede destro.

Presenta dolore nelle zone riflesse dei gangli linfatici superiori, avverte un leggero fastidio a livello riflesso del rene e dell'uretere, sente dolore al tocco della zona riflessa del plesso solare.

3.3 - Il Caso C

C è una ragazza di 30 anni di costituzione robusta ma molto armoniosa, ha un viso e un espressione che ispirano serenità, convive con il compagno della sua stessa età, stanno insieme da molti anni.

Si vogliono molto bene, quindi la decisione di avere un figlio è stata presa di comune accordo.

Lei sembra una persona molto matura più dell'età che ha, ha perso entrambe i genitori a distanza di un paio di anni, ha 3 fratelli e 2 sorelle, lei è la più piccola.

Tra fratelli si aiutano molto, tanto che per lei la famiglia sono parte della famiglia insieme al suo compagno.

La signora C ha avuto molto forte il desiderio di essere mamma ed avere una famiglia tutta per sé già da tanto.

Sembra una ragazza molto equilibrata sicura di quello che vuole, è una persona molto accogliente nei modi, socievole, le piace stare in compagnia e si diletta nella cucina.

Non pratica nessuno sport perché in questo è abbastanza pigra.

Al momento non lavora ma sembra non preoccuparsi perché appena saputo della bellissima notizia ha deciso di voler fare la mamma a tempo pieno.

La signora C al momento del primo trattamento che abbiamo iniziato al quarto mese di gravidanza, ha i piedi molto gonfi con dolore a livello riflesso lombo sacrale, vicino al coccige.

<u>Referto visivo</u>: ha un piede piccolo e tondo, le dita hanno una forma di insieme decrescente e nel primo trattamento si presentano molto gonfie.

Si presenta gonfia anche tutta la parte dorsale del piede.

Il piede risulta avere un colore molto chiaro al di fuori della zona del calcagno che è più rosea, con un po' di screpolatura intorno.

Ha molte linee che vanno verso la zona riflessa del fegato, ha un accenno di alluce valgo.

<u>Referto palpatorio:</u> il piede si presenta al primo contatto umido con tessuti gonfi e un po' molli, tranne nel tallone che si presenta più rosso e con il tessuto abbastanza consistente.

Presenta un callo nella zona plantare sotto il primo dito all'altezza della falange basale.

Ha dolore al tatto nella zona nella zona riflessa di sigma e ano, avverte anche dolore nella zona riflessa del nervo sciatico e nella zona riflessa del coccige.

Al tocco della zona riflessa del plesso solare anche la signora C presenta dolore.

Capitolo.4

L'interazione della Riflessologia Plantare e Fiori di Bach in gravidanza

4.1 - I livelli di azione dei Fiori di Bach e della Terapia Podalica in gravidanza

"Ogni vera conoscenza viene soltanto dal nostro io interiore (Personalità), dalla comunicazione silenziosa con la nostra Anima (Se Superiore), le varie dottrine e la "civilizzazione" ci hanno portato via questo silenzio interiore, ci hanno rubato questo sapere, ma dentro di noi sappiamo tutto, ci hanno fatto credere che dovremmo essere ammaestrati e il nostro vero Se è stato represso"[7]

Edward Bach voleva che il suo metodo di guarigione fosse il più semplice possibile, non vincolato a conoscenze mediche dettagliate e privo di appesantimenti intellettuali.

La terapia con i Fiori di Bach è una terapia energetica; per comprendere come agisce occorre approfondire il concetto del campo energetico del corpo umano, noto come "aura".

Ho inserito qui di seguito i 7 strati dell'aura "ovvero involucro energetico che circonda l'essere umano, è antico quanto l'umanità

---

[7] http://www.annazelli.com/fiori-di-bach-mappa-floriterapia-i-fiori-per-anima.htm (03/07/2013)

stessa, nei veda, nei testi antichi Egizi, era già menzionata e descritta dettagliatamente.

Per coloro che credono nell'esistenza dell'aura, essa si divide in 7 strati, partendo dallo strato più esterno "dell'Aura" la suddivisione è in:

corpo spirituale: rappresenta l'io divino o vero, non conosce né inizio né fine è la coscienza di Dio o Universale corpo causale: anche "Corpo di Grazia": è un corpo sottile che resiste attraverso tutte le diverse reincarnazioni e registra i ricordi più importanti delle passate vite. Contiene la memoria di tutte le nostre vite precedenti, ma che alla nascita abbiamo dimenticato.

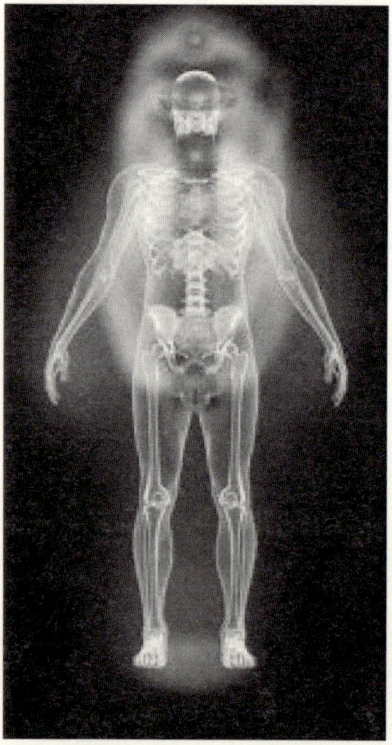

corpo mentale superiore: dove la facoltà principale è l'intuito, la nostra voce interiore, che ci aiuta a scegliere sempre il cammino giusto.

corpo mentale inferiore: dove ci sono le forme di pensiero in continuo movimento e mutazione, ogni pensiero crea una forma o una sagoma, è importante trasformarci verso pensieri positivi.

corpo astrale: dove ci sono le emozioni, nelle persone molto emotive questo strato è in continua fluttuazione e crea quindi squilibrio, è bene imparare a dominare le proprie emozioni.

corpo eterico: in questo strato si trova lo schema del corpo fisico, che si disintegra con la morte, le malattie cominciano in questo corpo eterico, e sono visibili dai veggenti, come accumulo di energia nel posto sbagliato, se questa condizione non viene equilibrata si manifesterà come disturbo nel corpo fisico.

corpo fisico: forma di energia più densa e visibile a tutti.

Vediamo in quale strato si colloca il lavoro dei Fiori di Bach .

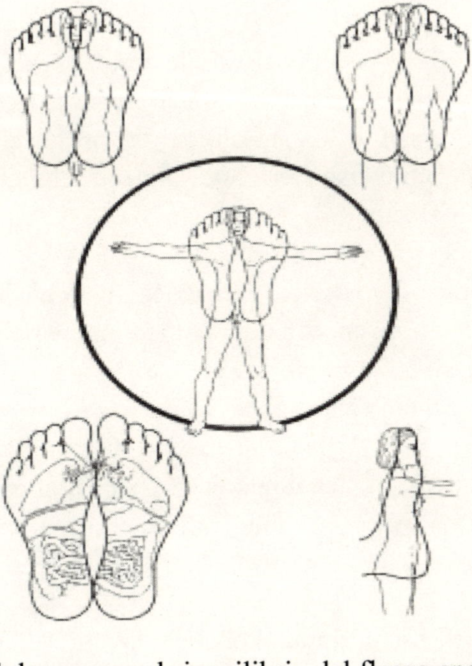

I Fiori di Bach lavorano sul riequilibrio del flusso energetico, agendo a livello del "corpo astrale" dove ci sono le emozioni che essendo in continuo movimento si creano facilmente squilibri.
La Terapia Podalica in gravidanza lavora sul riequilibrio del flusso energetico personale, rileva le zone di disequilibrio mediante il

riconoscimento delle zone causali che sono le zone alterate soggettivamente (es. palpatorio) ed oggettivamente (alterazioni visive).

Esse corrispondono a quelle correlazioni individuali e uniche del paziente che
non possono essere schematizzate in un protocollo poiché ogni individuo è diverso e unico, non solo un corpo, ma una mente e uno spirito, un insieme semplice ma complesso con il quale impariamo a dialogare ed interagire.

La Riflesso Terapia Podalica lavora anche attraverso il riconoscimento delle zone sintomatologiche, cioè zone che corrispondo a tessuti o organi in cui si presenta realmente una sintomatologia, attraverso le zone algiche che sono zone che risultano dolenti al tatto.

Infine attraverso la lettura energetica del piede, un metodo terapeutico di ulteriore approfondimento, di cui parleremo meglio nel capitolo successivo, potremo capire se ci sono delle carenze o accumuli di energia in alcune zone del piede.

Attraverso il criterio di "analogia delle forme"[8] si possono correlare le eventuali carenze o accumuli di energie a organi e tessuti corrispondenti.

Dunque la Riflesso Terapia Podalica lavora sul riequilibrio del flusso energetico, agendo a livello del "corpo eterico", il "corpo

---

[8] Secondo il metodo Marquardt, le zone riflesse sono state individuate nel piede secondo il criterio di somiglianza di forma della zona del piede con la parte del corpo. In generale il corpo è "riflesso"nel piede come se, guardando i piedi della persona sdraiata, il cliente fosse seduto di spalle. La zona delle dita coincide così con la testa e la zona del calcagno con i glutei. Marquardt, Hanne, *Manuale di Riflessoterapia al piede*, Edizioni Mediterranee, Roma, 2010. (15/07/2013)

astrale", o corpo emotivo, è invece il livello su cui lavorano i Fiori di Bach.

4.2 - Lettura energetica del piede

Abbiamo fin qui compreso che le due metodiche agiscono su piani differenti e sembra che la Floriterapia prosegua laddove si ferma la Terapia Podalica.

Con la lettura energetica, il piede viene diviso in 4 elementi terra fuoco acqua e aria.

La zona dell'elemento terra ha un tessuto di colore rosso-bruno più scuro che nel resto del piede, dalla pelle leggermente più spessa.

La zona acqua ha un tessuto e un colore più chiaro del resto del piede, pelle fine, fresca, leggermente umida.

Il fuoco ha un tessuto pieno, rosseggiante, la pelle più ruvida che nell'acqua ma meno che nella terra.

L'aria ha tessuto pieno ma non gonfio, pelle rosata più chiara che nel fuoco ma più scura che nell'acqua, dita distese.

Questi 4 elementi insieme formano l'energia vitale, se sono in armonia e equilibrio tra di loro l'uomo è in uno stato ottimale di equilibrio.

Essere in uno stato ottimale di equilibrio significa che l'elemento occupa solo e tutta la zona del suo potenziale.

Il potenziale di base rappresenta tutto il corredo genetico in cui confluiscono l'energia della madre e del padre e l'esperienza personale della gestazione.

Quando invece si presenta una perturbazione dell'energia che rimane costate nel tempo, essa causa uno squilibrio cronico, un blocco della naturale evoluzione dell'essere umano, che diventa visibile nei piedi come zona di alterazione.

Altri dati che possiamo ricavare attraverso la lettura del piede sono: la forma del piede, delle dita, segni di carenza o eccesso energetico, di squilibrio, linee specifiche, segni congeniti ci segnalano emozioni disfunzionali e schemi comportamentali e ci facilitano la scelta della terapia riflessologica.
Nel caso specifico delle 3 donne incinte, i piedi si presentano un po' gonfi soprattutto nelle zone di ovaie ed utero (intorno ai malleoli).
Si tratta di una zona abbastanza delicata, perché la pressione in quei punti oltre a provocare un fastidioso dolore, potrebbe provocare delle contrazioni perciò andrebbe trattata il meno possibile o evitata del tutto: fa parte di una delle controindicazioni alla Terapia Podalica in gravidanza.

I piedi delle tre signore si presentano inoltre leggermente più rossi e caldi rispetto hai piedi delle donne non in gravidanza, le dita sono più gonfie e un pochino dolenti soprattutto a livello riflesso dei gangli linfatici di testa e collo, presentano una zona algica spesso a livello lombo-sacrale.

Si può trovare un leggero rigonfiamento nella zona dell'ano e nella zona finale dell'intestino come il caso C che ho seguito, che approfondiremo in seguito e che soffriva soprattutto di stipsi.

Il caso A presentava invece la zona dei cuscinetti quindi la zona riflessa dei polmoni e vie respiratorie abbastanza gonfia e rossa. Infine il caso B presentava un leggero rigonfiamento a livello dei reni e al tocco era dolente.
Ora vediamo quali sono i sintomi che colpiscono generalmente le donne incinta e i grandi benefici tratti dall'uso dei Fiori di Bach.

4.3 - I benefici dei Fiori di Bach in gravidanza

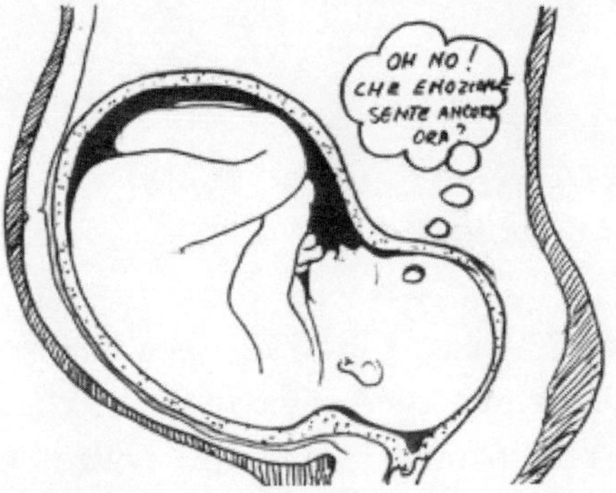

La gravidanza è un'esperienza unica e la donna ha il diritto di godere di questo periodo che è uno dei momenti più felici della sua vita; i Fiori di Bach sono degli alleati preziosi perché sono senza rischi, riequilibrano dolcemente le emozioni che a causa degli sbalzi ormonali necessari nel corpo di una donna in gravidanza, cambiano notevolmente da un momento a l'altro, passando da forti stati di stress, di pianto isterico, a momenti di grande felicità, questa grande instabilità emotiva può influire sul benessere di mamma e bambino.

Gli stati d'animo[9] variano, può comparire un forte stato di ansia, dubbi e numerose paure quali: paura delle responsabilità, per la salute del bambino, terrore del parto, sensazione di non essere in grado di fare la mamma, paura di non piacere più al proprio compagno e non piacersi, affrontare con difficoltà i cambiamenti.

E' in questi momenti, quando nasce l'emozione, che i rimedi possono essere un grande aiuto, riequilibrando lo stato d'animo prima che ingigantisca e rovini questo momento così prezioso.

Abbiamo visto in precedenza come la Riflessologia Plantare lavori sul piano eterico e i Fiori di Bach sul piano emotivo o "corpo astrale", ma proprio perché lavorano su piani diversi della stessa"aura" energetica che circonda l'uomo hanno dei risultati molto interessanti. "Il nostro corpo non è un insieme di parti

[9] http://ondarmonica.wordpress.com/programma-internazionale-di-formazione-sui-fiori-di-bach/ (20/07/2013)

separate, ma una totalità indivisibile: agendo sul particolare, si hanno effetti sul generale"

4.4 - Trattamento di Riflesso Terapia Podalica alla gestante A e Fiori di Bach abbinati

Ho cercato di abbinare in tutti e 3 i casi i Fiori di Bach durante il trattamento, basandomi sia sulla lettura energetica del piede che mi ha dato notizie circa il tipo di personalità, sia sui segni evidenti che mi hanno indicato dei traumi subiti.

Soprattutto però mi ha aiutato quello che le donne si sentivano di comunicarmi, sensazioni di cambiamento, paure e ansie.

I piedi della signora A si presentano caldi è un po' rigidi.

Sono piedi in prevalenza di fuoco con una zona metatarsale ampia e rossa, segno di eccesso.

L'elemento fuoco rappresenta l'azione l'impulsività e l'eccesso dell'elemento fuoco rappresenta individui molto preoccupati di sé, permalosi, che impongono agli altri la propria volontà, perseguendo i loro interessi personali.

Si spingono spesso ai limiti nel lavoro e nella creatività, non trovano il tempo di riposare, devono sempre andare avanti, sono ambiziosi, hanno poco rispetto per l'autorità e sono spesso insensibili ai bisogni altrui.

La signora A ha piedi molto differenti dalla sua figura, perché i piedi rispetto alla sua corporatura sono più grandi.

Al momento del primo trattamento la signora A sembra non presentare alcun problema, la gravidanza la fa sentire ancora meglio, a quanto afferma, sta bene e quindi ha bisogno solo di rilassarsi e migliorare la circolazione con il Linfodrenaggio Riflesso.

Durante il secondo incontro la signora mi ha rivolto una domanda che ha suscitato la mia curiosità" ma dal piede si può eliminare la cellulite?".

Da quel momento ho cominciato ad indagare meglio su come stava andando la gravidanza veramente ed ho percepito una forte ansia legata alla possibilità di poter ingrassare anche di un solo chilo.

Premettendo che nonostante il pancino era ancora molto magra.

Le ho chiesto come passava la sua giornata e mi ha risposto di trascorrerla soprattutto in palestra con il suo personal trainer o ascoltando musica a casa.

Le ho domandato cosa stesse mangiando e se stesse seguendo una dieta e lei mi ha risposto in maniera molto evasiva dicendo che mangiava tutto senza problemi.

La signora A è stato un caso abbastanza complesso da seguire, perché cambiava spesso umore e non voleva aprirsi più di tanto, diceva di aver bisogno solo di rilassarsi.

Abbiamo cominciato i trattamenti alla fine del 4° mese di gravidanza, la frequenza dei trattamenti è stato per i primi 5 uno a settimana di 50 minuti circa, successivamente uno ogni 10 giorni di 50 minuti.

Nei primi trattamenti mi sono soffermata soprattutto sulla zona riflessa lombo-sacrale, e sul sistema linfatico.

Al quarto trattamento ho rilevato, attraverso il referto palpatorio, che la zona riflessa dei polmoni con relativa faringe laringe bronchi, era dolente al tocco.

La zona, già dal primo referto visivo, era risultata gonfia e un po' rossa, ma era un dato che avevo messo in secondo piano perché come sintomo primario aveva dolore a livello lombare e plesso solare.

La zona metatarsale di entrambi piedi risultava essere molto gonfia e calda come se ci fosse in corso una infezione e in più la zona riflessa del cavo orale si presentava leggermente del colore giallo.

A quel punto quasi per retorica non perché ne fossi convinta, al contrario pensavo fosse scontato che avesse smesso, le ho chiesto : “ma sta ancora fumando?” lei mi ha risposto subito dicendo “si, non riesco a smettere”.

Mi è sembrata l’occasione giusta per introdurre l’uso dei Fiori di Bach.

Ho continuato la seduta chiedendole se quando aveva fame spesso invece di mangiare fumava o andava in palestra, mi ha risposto che spesso capitava, da quando invece aveva iniziato la terapia con me, si sentiva leggermente più calma perché sapeva che poi ci sarebbe stato il nostro incontro durante il quale si sarebbe rilassata.

Così ho capito che la signora A aveva una grande paura e ansia di ingrassare, il fumo da sempre stata dipendenza, era diventato un rifugio per mangiare di meno e la palestra invece di un piacere era diventato un dovere. Si stava aprendo poco alla volta ,cosi ho iniziato la floriterapia con i Fiori “Di Leo” .

Ho scelto i Fiori di Bach della di Leo perché mi sono trovata da subito molto bene e vengono prodotti secondo il metodo originale stabilito dal dottor Edward Bach attorno al 1930.

20 fiori sono prodotti con il metodo dell’infusione solare, 18 fiori sono prodotti con il metodo della bollitura .

Nella prima diluizione ho inserito Agrimony per la tendenza a nascondere la vera personalità, già rilevata dal fatto che il piede fosse molto diverso dalla sua persona e da come volesse sempre presentarsi alle persone in modo impeccabile.

A questo ho unito Cherry Plum, sempre legandomi al fatto che mi sembra sia una maniaca dell’autocontrollo e al fatto che pur di non lasciarsi andare nel piacere di mangiare fa tutt’altro pur di mantenere la facciata di donna perfetta.

A questo si collega la paura sia di perdere il controllo sia la paura di ingrassare quindi ho aggiunto Mimulus Aspen per l’ansia in

generale, Walnut per farle accettare il cambiamento che il suo corpo sta subendo e che tutte le donne in gravidanza devono attraversare.
Per quanto riguarda il fatto che non riesca a smettere di fumare ho pensato a Chestunt Bud, e infine Larch, fiore base secondo Kramer, che agisce sulle Insicurezze. Insieme ho messo Cerato, perché mi sembra una persona che ha forte sfiducia in se stessa e che ha bisogno continuamente di conferme che gli vengono date attraverso i complimenti che riceve.
Gli ho spiegato alla fine che dovrà assumere per 4 volte al giorno 4 gocce, in modo continuativo.

4.5. - Trattamento di Riflesso Terapia Podalica alla gestante B e fiori abbinati

La signora B presenta un piede molto simile alla sua figura piccola e tonda, è un piede curato e al primo tocco risulta asciutto, mentre tenendolo tra le mani comincia subito a sudare, ha un piede in cui prevale l'acqua, anche se nella zona di fuoco c'è un invasione di terra a livello riflesso della spalla su tutti e due i piedi.
Presenta poi numerose linee all'interno della zona di acqua che vanno verso il rene.
Il primo trattamento con la signora B è stato fatto alla fine del 5 mese di Gravidanza.
Ho notato subito che le gambe e le caviglie molto gonfie, così dopo la presa armonizzante ho iniziato subito con delle manovre di linfodrenaggio riflesso, poi ho lavorato tutto l'apparato mio-osteo-articolare, trovando una zona algica a livello lombo sacrale.
Da un po' di giorni infatti la signora B aveva difficoltà ad alzarsi dal letto per il dolore, due trattamenti li ho dedicati a trattare bene la zona riflessa della colonna vertebrale.

Al terzo trattamento la signora B si presenta molto agitata, dice di sentirsi molto in ansia perché ha paura di quello che la aspetta anche se ha già passato una gravidanza.
Comincia a vedersi molto grossa e ha sempre voglia di mangiare, ha continui sbalzi di umore e la notte ha difficoltà a dormire.
Decido subito di prepararle un bicchiere di acqua con 4 gocce di Aspen da sorseggiare per placare il senso di ansia.
Durante il trattamento vado a trattare la zona del plesso solare che risulta essere molto dolente al tatto, quindi la signora comincia a calmarsi.
La signora B lamenta anche, come abbiamo già detto in precedenza, bruciore durante la minzione, e ora che con la gravidanza le minzione sono aumentate, il problema le sta dando più fastidio.
Durante il quarto e quinto trattamento mi soffermo sul sistema urinario cercando di fare attenzione alla zona della vescica .
Nello stesso tempo, consiglio una diluizione di Fiori di Bach in cui inserisco Aspen per l'ansia, per la paura di ingrassare e di non piacersi, Mimulus e Walnut.
Quest'ultimo ho scelto di inserirlo in ogni diluizione di donne in gravidanza, perché è secondo me il fiore adatto alla gestazione e alla venuta al mondo del bimbo.
Questi infatti sono grandi cambiamenti di vita e Walnut rimedio aiuterà ad adattarsi con facilità alla nuova situazione proteggendo inoltre la grande sensibilità della mamma da influenze esterne.
Inoltre ho aggiunto Larch per il senso di inadeguatezza e Gentian per lo scoraggiamento.
Agli incontri successivi la signora B risulta meno ansiosa mi dice che il dolore alla schiena è diminuito, però in compenso è aumentato il senso di nausea, si sente piena di rabbia, ha le spalle più rigide, e le minzioni continuano a darle bruciore.

Per il bruciore durante le minzioni tratto le zone linfatiche con sfioramenti, tonificando la zona riflessa dell'intestino e la zona riflessa della muscolatura del gluteo.
Per le nausee aggiungo Scleranthus per la mancanza di equilibrio, e Crab Apple per purificare ed controllare il senso di disgusto.
Proseguo con questa terapia per un paio di trattamenti quando poi noto un grosso cambiamento nel momento in cui mi dice: "perché mi devo fare carico tutto io e sono stanca di questo"

Le chiedo di spiegarsi meglio e mi dice che suo marito è fuori casa tutto il giorno per lavoro, lei si sente trascurata e in più si sente sovraccaricata di compiti, perché deve badare alla casa, alla bambina di 3 anni e all'altra bambina che sta per arrivare tutto da sola.
Sembra non tollerare il fatto che sia lui a ricoprire un ruolo lavorativo importante e che lei debba fare la mamma a tempo pieno, infatti mi conferma che lei prima di rimanere incinta della prima bimba aveva ricevuto un incarico da manager che a lei piaceva molto ma al quale ha dovuto rinunciare.
Decido quindi di modificare leggermente la composizione eliminando Gentian e aggiungendo Elm per il fatto che si sente stanca sovraccaricata di responsabilità e vorrebbe fuggire dal suo ruolo di mamma ma non può.
Il rimedio è adatto anche per il dolore alle spalle: spesso gli individui Elm che attraversano la fase negativa possono soffrire di dolori alle spalle o alle ginocchia.
Metto Beech perché si sente in questo momento intollerante verso il comportamento del marito e per questo credo siano comparse le nausee che prima non c'erano.
Anche nello stato negativo di Beech si può lamentare di dolori alla schiena e elle spalle.
Infine metto Willow per lo stato di vittimismo e di insoddisfazione in cui si trova, Willow si usa anche come rimedio contro l'acidità.

Nei trattamenti successivi le nausee si sono placate ma in compenso sono comparsi bruciori di stomaco, un sintomo tipico delle donne in gravidanza, ma le ho consigliato di parlare con un dottore per vedere cosa le consigliasse.
Le ha consigliato di aumentare il consumo di vitamine B1 e B2 che sono contenuti nel lievito di birra, nelle uova, nell'ananas fresco, nelle nocciole e nel grano saraceno e cercare di assumere piccoli pasti nella giornata e diminuire il contenuto di grassi ed evitare cibi pesanti.
Io le ho consigliato di bere delle tisane di: menta- finocchio- malva-anice- camomilla.
Le sedute successive sono state fatte a distanza di due giorni perché ne sentiva il bisogno, non l'ho fatta stendere completamente per non aumentare il sintomo della pirosi.
Il dolore della zona lombo sacrale è diminuito molto, anche nella zona riflessa.
Le minzioni sono meno dolorose anche se ancora molto frequenti.
La signora B è meno ansiosa anche se mi riferisce che la notte ha difficoltà ad addormentarsi, salvo poi crollare di giorno.
Decido quindi di darle Agrimony e Holly, che essendo un catalizzatore, spero la aiuti a sbloccarsi e liberare il rancore che ha verso il marito per il fatto di restare spesso da sola, e per il motivo per cui si sente sovraffaticata.
Le caviglie della signora B sono sempre molto gonfie ma alla fine di ogni trattamento si sente benissimo perché sia il piede che le gambe si sgonfiano molto e sente un miglioramento a livello di circolazione sanguigna.
Per ottenere questa sensazione di benessere ho lavorato con alcune manovre di linfodrenaggio riflesso.
Le ho spiegato che il gonfiore è dovuto alla ritenzione idrica, cioè alla linfa che l'organismo trattiene invece di lasciar fluire.

Le ho raccomandato di bere molta acqua e di non stare in piedi troppo a lungo, tenere i piedi sollevati rispetto al corpo, magari con un cuscino.

4.6. - Trattamento di Terapia Podalica in gravidanza alla gestante C e Fiori abbinati

La signora C è contentissima di essere in gravidanza perché da quando sua madre è scomparsa l'unico suo desiderio per colmare il dolore è stato quello di essere mamma.

A primo impatto il piede si presenta sicuramente con una prevalenza dell'elemento acqua, quindi probabilmente si tratta una persona emotiva.

Mi ha incuriosito il fatto di quanto il tallone fosse così differente dal resto del Piede, perché presentava pelle secca e un colore più rosso, presenza di fuoco in terra, che nella lettura psicosomatica indica una persona che sottomette gli istinti con l'autocontrollo, prova sentimenti di vergogna e ha difficoltà a lasciarsi andare.

Al primo trattamento mi dice che nei primi 3 mesi ha avuto molte nausee, accompagnato dal fatto che si sente molto nervosa e stressata, le nausee sono diventate per questi motivi aggiuntivi insopportabili.

Le preparo un bicchiere di acqua con Walnut per i cambiamenti, Scleranthus per la mancanza di equilibrio e Crab Apple per purificare e per eliminare il disgusto.

Durante il primo trattamento lavoro il sistema osseo articolare soffermandomi sia a livello cervicale dove presenta un ispessimento, sia a livello lombo-sacrale dove sente dolore.

Alla fine del trattamento le faccio delle manovre del linfodrenaggio riflesso durante le quali si rilassa molto.

Nei trattamenti successivi la signora C mi dice di vedere il suo corpo gonfiarsi senza avere una vera forma e questa cosa le provoca disagio.
Inoltre mi è sembrato di averla vista molto più provata, senza più l'entusiasmo che mi aveva dimostrato all'inizio della gravidanza quando mi aveva comunicato per telefono la notizia.
Le continuo a lavorare la zona riflessa del sacro e del coccige e la zona riflessa della cervicale, aggiungo la zona del plesso solare, la zona riflessa della testa perché lamenta un senso di pesantezza.
Percepisco che la luce iniziale che aveva si stava spegnendo. Provo a farle alcune domande ma è molto evasiva, così le consiglio di integrare ai trattamenti di Terapia Podalica i Fiori di Bach che le serviranno a riequilibrare le emozioni.

Nella prima diluizione preparo Sclerathus e Crab Apple insieme a Walnut per le nausee, e unisco a questi Honeysuckle perché è come se avesse gli occhi un po' fissi nel vuoto o rivolti al passato con malinconica.

Spesso mi accorgo che non è del tutto presente quindi metto anche Clematis e Wild rose perché all'improvviso era diventata, da persona solare che avevo conosciuto, una persona apatica.

Però sentivo che non era proprio la strada esatta.

Saltiamo un appuntamento perché aveva avuto forti nausee e si sentiva spossata ma per telefono mi dice che le manca tantissimo la sua mamma, piange e rimaniamo d'accordo che sarebbe venuta da me l'indomani.

La signora C si dimostra un caso per me complicato perché ha delle emozioni forti che vanno e vengono in modo molto veloce quindi è difficile starle dietro.

Non so se è giusto o meno aiutarla a pensare al trauma subito dalla scomparsa dei suoi genitori, così questa volta preparo per me un bicchiere di acqua con dentro le gocce di Mimulus, Aspen, Sclerathus , e ci metto anche Larch per darmi un po' di fiducia.

Tralasciamo per un paio di sedute la parte emotiva e le consiglio di continuare a prendere la diluizione che le ho preparato.
Mi soffermo sull'osservazione del piede, lei mi dice che il dolore a livello riflesso della zona del coccige è sparito, con la schiena sta abbastanza bene, fa anche degli esercizi di allungamento che le ha prescritto il medico.
Notando appunto il tallone screpolato che per mio errore avevo trascurato, le chiedo se ha problemi di emorroidi o se comunque riesce ad evacuare senza problemi, fà un bel sospiro e mi risponde che lei ha sofferto in passato di emorroidi e riesce ad evacuare solo ogni 2 o 3 giorni a volte con un po' di difficoltà.
Così decido di lavorare su tutta la zona dell'ano del sigma che è molto vicina alla zona riflessa del sacro, poi con pressione leggera lavoro la zona dell'intestino e dello stomaco.

Capitolo. 5

I trattamenti

5.1. - Il percorso del caso A

Il percorso di A è stato abbastanza complicato.
I problemi fisici maggiori che ha sviluppato durante la gravidanza sono stati: dolori nella zona lombo sacrale, problemi alle vie respiratorie con frequente tosse e voce rauca.
A livello emotivo, durante il trattamento la signora A ha avuto dei buoni risultati perché è riuscita a lasciarsi andare esternando quello che aveva dentro.
Negli incontri successivi al primo, la signora A si presenta un po' stanca, con un miglioramento della sintomatologia a carico della zona lombo sacrale anche sul punto riflesso del piede.

Sta cercando di non fumare, ma è solo riuscita ad eliminare una sigaretta al giorno.

La signora A appare un po' scoraggiata, perciò le spiego che il percorso che stiamo intraprendendo lo stiamo facendo per il suo bene e quello della sua bimba.

Le continuo a lavorare tutta la zona riflessa della colonna vertebrale e la zona dello stomaco in sedazione, insieme all'apparato respiratorio che appariva ancora infiammato.

Noto sul suo viso, sempre perfettamente truccato, delle piccole bolle simili ad uno sfogo sulla guancia destra.

Alla domanda se ne era al corrente, mi risponde “saranno gli ormoni impazziti” seguito da un sorriso.

A questo effetto cutaneo invece a me indica che Agrimony sta svolgendo il suo lavoro, cioè sta portando verso l’esterno i contenuti rimossi della sua personalità.

L’eruzione cutanea e altre malattie della pelle possono verificarsi durante il ciclo terapeutico.

Il tipo Agrimony ammette difficilmente di stare male e spesso proprio per nascondersi diventa dipendente da droghe, alcol, fumo e psicofarmaci inoltre, nei soggetti Agrimony si possono riscontrare disturbi alle vie respiratorie come simbolo dell’incapacità a comunicare.

Continuo i trattamenti con la stessa diluizione di fiori di Bach, e con la Terapia Podalica.

Mi soffermo sedando sempre la zona riflessa dei polmoni che si presenta ancora molto infiammata, le lavoro gangli linfatici della zona della testa e del collo, a causa della sensazione di pesantezza della testa.

Il tempo passa velocemente e la signora A sta per entrare nell’ottavo mese, purtroppo non ha ancora smesso di fumare, ma mi riferisce che i suoi sforzi hanno raggiunto un sufficiente esito positivo riducendo anche se di poco il numero delle sigarette giornaliere.

E' più disposta al dialogo, tanto da riferirmi che sta cominciando ad apprezzare le nuove forme del suo corpo sempre più rotondo.

Rimane invece la paura e l'ansia che il suo corpo non tornerà come era prima.Approfittando del dialogo aperto e della fiducia nei miei confronti, mi ha confidato alcuni aspetti negativi della sua vita.

Questi aspetti che la hanno portata ad uno stato di infelicità, sono dovuti alla ricerca di un partner ricco, mirando a personaggi di spicco per avere una vita agiata e poi all'ossessione che dedica per raggiungere la perfezione dal punto di vista estetico del suo corpo.

Ma neanche i traguardi raggiunti l'hanno mai soddisfatta, si sentiva sempre vuota e incompleta.

Ha incominciato a fare uso di alcool e droghe sporadicamente, vivendo di notte tra feste e locali.

Poi dopo aver conosciuto un uomo più grande e sposato, se ne innamora e trascorre con lui momenti felici.

Coltiva false speranze, fino a quando giunsero i momenti di dolore e pianti dovuto alle mancate promesse (quelle di lasciare la moglie) ai sentimenti non contraccambiati.

Adesso, essendo incinta di una bambina e avendo capito l'importanza di questo evento, è tutto cambiato.

Ora si sente completa, vive con questo uomo che ha lasciato la moglie (o almeno così sembra) e sopratutto non ha paura di rimanere da sola, perché ormai sa di assumere un nuovo ruolo nella sua vita, quello di mamma.

Alla fine del trattamento e soprattutto dopo il suo sfogo, si alza e mi abbraccia forte dicendomi all'orecchio che mai avrebbe tirato fuori tutto questo, e che ora si sentiva più leggera e per la prima volta si sente sollevata da qualsiasi altro pensiero.

Mi promette che con la nascita della figlia avrebbe cambiato quelle sue abitudini usate per dimenticare le sue insoddisfazioni come fumare bere ed altro.

A livello fisico i dolori allo stomaco si sono alleggeriti mentre la schiena e molto più rilassata.

Alla palpazione, la zona lombo sacrale tuttavia è ancora dolente.

La zona riflessa dell'apparato respiratorio rimane ancora abbastanza infiammata, leggermente meno gonfia, ma comunque molto rossa e calda.

La tosse è diventata grassa ed è leggermente migliorata, anche se ha ancora molta produzione di muco, soprattutto tra un trattamento e un altro.

La zona algica riflessa del fegato non fa più male.

5.2 - Il percorso del caso B

I problemi fisici maggiori della signora B durante la gravidanza sono stati a carico del sistema circolatorio e linfatico: gonfiore intorno alle caviglie e su tutte le gambe, rigidità alla schiena e sulle spalle, pirosi con un po' di nausee e difficoltà ad addormentarsi.

La signora B nel corso dell'ottavo mese ha avuto spesso di più affetto e di più attenzioni. sbalzi di umore passando da momenti di estrema felicità a momenti di tristezza e paura di non riuscire più a ricoprire il ruolo di mamma.
Avere la consapevolezza di cosa si ha paura è un bel passo avanti.
Ogni volta che viene a fare terapia, la signora B ha sempre con se qualcosa da sgranocchiare, salatini, patatine o cose dolci.
Le prime volte non ci ho fatto caso, però avendo notato il notevole aumento di peso, le ho chiesto se avesse continuamente fame.
Mi ha risposto subito di si, che aveva bisogno sfrenato di masticare e ingerire qualcosa, solo così si sentiva più piena e completa.
Mi viene in mente "il bambino bisognoso "di Bach e quindi collego il continuo bisogno di mangiare e di aver "fame" al bisogno
Forse la signora B sta attraversando lo stato negativo di Heather.
Heather in qualche modo è presente in ognuno di noi tutti, salvo poche eccezioni, siamo tutti bisognosi d'affetto.
Quindi decido di aggiungere alla diluizione il fiore Heather, e poi Wild oat, per l'insoddisfazione che prova nel pensare di essere solo mamma e anche perché la trovo molto instabile nei comportamenti: cambia spesso umore e in alcuni giorni mette in dubbio tutto il lavoro che stiamo facendo, dicendomi che forse avrebbe dovuto provare un'altra strada.
Penso che la signora B si senta un po' fuori posto, ha paura di annoiarsi e vuole sempre cambiare, non ha la pazienza di andare fino in fondo, con la gravidanza lo deve fare per forza e questo le provoca agitazione.
Rimettendo insieme i punti esaminati fin qui della signora B a livello emotivo, trovo una persona insoddisfatta del ruolo che ricopre, che vorrebbe cambiare vita.
Mi racconta che in passato ha lasciato gli studi e ha cambiato molti lavori.

E'una persona molto dinamica e capace di cavarsela in tutte la situazione, perciò il ruolo di solo mamma, pur avendo già una bambina, la immobilizza e la limita.
Serba inoltre rancore verso il marito che per motivi di lavoro, le può dedicare poco tempo.
La sua famiglia è lontana e anche per questo motivo si sente da sola.
Continuo con Wild oat, Heather, Holly, Beech, Mimulus, Aspen, Walnut, elimino Elm e Willow.
Nell'ultimo incontro la signora B lamenta della difficoltà a addormentarsi, così le aggiungo White Chestnut per il troppo lavoro mentale e decido di mettere anche Clematis e Scleranthus per la mancanza di centratura.
Il problema del bruciore durante la minzione è quasi del tutto scomparso, ma continuo a lavorare anche il sistema urinario sempre con lo stesso metodo.
Lavoro le zone riflesse linfatiche per il problema del gonfiore degli arti inferiori e la zona riflessa di colonna vertebrale e spalle.
Il dolore alle spalle è migliorato molto, le nausee sono diminuite, la pirosi è ancora presente a tratti alterni forse perché mangia in modo disordinato.
Mi assicuro, visto lo stato negativo di Wild oat che sta attraversando, che prenda sempre le gocce di Fiori di Bach 4 volte al giorno 4 gocce alla volta.
Ci vediamo dopo una settimana la trovo un pochino più calma o forse rassegnata, fatto sta che mi dice che ha parlato con suo marito, (sicuramente avrà urlato).
Gli ha spiegato che lei si sente sola che ha paura di dover fare tutto da se e di stancarsi molto.
Lui in maniera carina ha detto che non sarebbe mai rimasta da sola, che la amava, che sta lavorando tanto per loro e per la nuova bambina che verrà al mondo, rassicurandola dicendole che è bravissima in tutto quello che fa, che è una mamma attenta e

premurosa e che sicuramente in futuro potrà tornare a lavorare e non farà solo la mamma se questo le provoca tristezza.
Sicuramente ho trovato la signora B in questo incontro più serena e non ha con se il solito pacchetto di patatine.
Mi dice che si sta avvicinando il grande giorno ed è felice perché potrà vedere finalmente la sua meravigliosa creatura.
Oggi la signora B sembra molto felice della vita che svolge, e orgogliosa di essere mamma.
Si sente in colpa (non manca mai) verso il marito e anche verso la sua piccola bimba, perché dice di averli 'trattati male' e di essere stata molto nervosa, irascibile e un po' distante, perciò aggiungo subito Pine, il rimedio per l'eccessivo senso di colpa.
Sembra che finalmente si senta sicura e fiera del ruolo che ricopre, non ha voglia di fuggire, ma ha voglia di arrivare alla meta , mettere al mondo la sua bimba, mangiando di meno.
Prepara dolci e prelibatezze che distribuisce ai vicini di casa che sono molto contenti.
Suo marito apprezza tantissimo questi cambiamenti, passa molto più tempo con la sua bellissima bambina di 3 anni, fanno delle passeggiate insieme, la bambina a sua volta è contenta dell'arrivo della nuova sorellina così, dice, giocherà con lei.
A livello fisico i sintomi che presentava nel primo trattamento sono quasi del tutto scomparsi, il bruciore durante la minzione è migliorato notevolmente, la rigidità delle spalle è diminuita anche se nella zona riflessa delle spalle presenta ancora un inspessimento, il gonfiore degli arti inferiori è sempre presente ma migliora notevolmente subito dopo i trattamenti.

5.3 - Il percorso del caso C

I problemi fisici maggiori della signora C durante la gravidanza sono stati le nausee seguite da dolori alla zona lombare, pesantezza alla testa e stipsi.

Nei successivi appuntamenti ci avviciniamo all' ottavo mese e la signora è molto triste, mentre le nausee si sono placate.

Mi comunica che dopo il trattamento ha avuto un forte stimolo ad evacuare, ma dal quel giorno non è riuscita ancora ad andare in bagno (sono passati 3 giorni).

Così mi preoccupo un po' e le suggerisco di assumere alimenti lassativi come crusca, prugne, cibi integrali, verdura rabarbaro, olio vegetale.

Le consiglio anche qualche tisana al finocchio, malva, semi di lino, e le raccomando di fare un po' di moto come delle passeggiate per attivare la peristalsi intestinale.

Quindi mi accingo a lavorare nuovamente tutta la zona riflessa dell'apparato Intestinale e collego a livello psicosomatico il fatto di non riuscire ad eliminare qualcosa di irrisolto, le nausee che ora invece erano diminuite sembravano il rifiuto di una situazione.

Decido di introdurre nella sua diluizione Star Of Bethlehem sperando che non le provochi reazioni troppo forti.

Incontro la signora dopo 7 giorni e mi comunica di essere riuscita ad evacuare ogni 2 giorni senza sforzarsi troppo, ma anche di sentirsi un po' confusa e di avere una sensazione come di nodo alla gola.

Le spiego che quel nodo alla gola indica che deve tirar fuori qualcosa, che si deve sfogare, liberare e superare, anche se con tanto dolore, la scomparse dei suoi genitori.

Diventa all'improvviso pallida e mi dice "ma io l'ho superato perciò ho voluto questa gravidanza per dargli l'amore che mi è mancato in questi anni".

Le faccio un bel trattamento rilassante con il Linfodrenaggio riflesso, perché aveva le caviglie gonfie, e lavoro in sedazione il plesso solare.
Nell' appuntamento successivo la stipsi non è più un problema grazie alla Terapia Podalica e alle lunghe passeggiate che fa ogni giorno, le quali oltre a risvegliare la peristalsi, le sono servite anche a riflettere molto.
Desidera tantissimo la bambina, finalmente è contenta di questo, riesce a farmi un bel sorriso simile a quello che ho visto la prima volta che l'ho conosciuta.
E' stato un percorso difficile, durante il quale anche io a volte ho trovato difficoltà nell'aiutarla: quando l' ho vista sorridere non mi sembrava vero.
Mi comincia a raccontare di sua spontanea volontà del il suo nervosismo durante i primi mesi di gravidanza e delle forti nausee.
Attribuisce la causa di quei sintomi ai genitori del suo compagno, che le avevano negato l'amore che cercava.
Pensava di essere accolta in modo amorevole e invece aveva trovato le porte chiuse, perché non volevano che il figlio convivesse con lei senza essere sposati.
Vengono da un paesino del sud, quindi queste cose per loro sono importanti.
Il suo compagno invece gli è stato molto vicino, allontanandosi molto dai suoi genitori, dai quali non si aspettava da loro un trattamento del genere.
Per questo motivo ora la signora C si sentiva in colpa, perché sapeva che non era giusta questa situazione per il suo compagno.
Le differenza rispetto ai mesi precedenti sono state la consapevolezza che ha e la rabbia che prova rispetto all'apatia che prima la circondava.

Tolgo Wild rose e metto Holly, il fiore dell'amore per eccellenza, in modo da intervenire sull'amore rifiutato dei genitori del suo compagno, che lei cercava.

L'amore è la forma più intensa che l'uomo può sperimentare, chi cade nello stato Holly disarmonico si sente all'inizio infelice senza conoscere le ragioni e prova un senso di amarezza.

Quindi la sua amarezza e tristezza, era dovuta al fatto che non aveva trovato l'amore che le era mancato dai suoi genitori e che sperava di trovare in quelli di lui.

Ciò ha portato ad una chiusura in se stessa ed ad uno sfogo della rabbia verso tutti, alla solitudine, alla tristezza, all'attaccamento al passato e all'apatia.

Si è aggiunto poi il senso di colpa perché, ha fatto allontanare il suo compagno dai suoi genitori.

Quindi aggiungo nella diluizione Pine per questo sentimento di colpa.

A livello fisico la signora C migliora notevolmente.

La postura è più dritta, come se fosse più sicura di se stessa, il dolore al livello lombo sacrale è completamente sparito, le nausee sono ricomparse nell'ultimo mese, le evacuazioni sono regolari e non dolorose.

5.4 - Verifica degli effetti

Da quanto emerso da i tre percorsi effettuati, mi sembra si siano raggiunti dei buoni risultati attraverso l'interazione delle due tecniche terapeutiche Riflesso Terapia Podalica e Floriterapia.

Si sono verificati dei cambiamenti emotivi in quanto in tutti e tre i casi sono giunti alla fine del trattamento ad un altro modo di affrontare la gravidanza. La signora A ad esempio all'inizio si presentava come una ragazza alla continua ricerca della perfezione fisica quasi maniacale, come una persona insicura e incompleta. Dopo 4 mesi di trattamento sembra più sicura di se, non ha paura di presentarsi struccata o con i capelli non perfettamente in piega, non ha paura che il compagno torni con sua moglie perché ormai non si sente più sola, si sente più forte.

Non è riuscita però del tutto a smettere di fumare.

A livello fisico ha avuto dei miglioramenti nella zona che interessa la colonna vertebrale soprattutto la zona lombare, la zona riflessa dello stomaco non fa più male, mentre invece la zona dei cuscinetti plantari quindi tutta la zona delle vie respiratorie è rimasta visibilmente alterata anche se il sintomo della tosse è diminuito notevolmente.

La signora B invece è stato un caso abbastanza difficile da seguire; sembrava quella delle tre più equilibrata perché aveva avuto già una gravidanza invece si è rilevata quella più instabile perché ha cambiato spesso idea e umore, a volte si rifiutava di seguire perfino la terapia.

All'inizio del trattamento aveva una grande voglia di fuggire non si ritrovava nel ruolo di mamma, aveva sempre voglia di provare nuove cose e si sentiva sovraccaricata di responsabilità.

Alla fine del trattamento la signora B si sente felice di essere mamma non vede l'ora di mettere al mondo l'altra bimba, non ha paura del futuro, è più calma, mangia di meno, cucina lo stesso tante cose buone ma lo fa per il marito, per la bimba e per i suoi vicini, che sono tutti molto contenti.

A livello fisico le minzioni sono diminuite notevolmente e sono meno dolorose, la rigidità alle spalle è scomparsa, anche se nella zona riflessa delle spalle presenta ancora un inspessimento, il gonfiore degli arti inferiori è sempre presente ma è migliorato notevolmente soprattutto dopo ogni trattamento. Comunque presta più attenzione ai consigli che le ho dato riguardo il gonfiore delle gambe.

La signora C invece è stato un caso che in certi momenti mi ha coinvolto Emotivamente, perché ha perso entrambe i genitori ed è una persona molto sensibile e bisognosa di affetto.

All'inizio si è dimostrata molto sicura di se e sorridente ma durante tutto il percorso ha avuto un grosso calo emotivo tanto che certi appuntamenti li abbiamo trascorsi completamente in silenzio, all'improvviso era diventata molto triste, apatica e non sorrideva più.

È stato difficile per me capire se tale effetto era dovuto ad un mio errore o se era giusto attraversare un periodo così prima di esternare i propri problemi.

Il risultato è stato buono perché la signora C si e sbloccata ed è tornata a sorridere.

A livello fisico le evacuazioni sono regolari senza dolore facendo attenzione all'alimentazione, la zona riflessa lombo sacrale non fa più male.

Per condurre questa ricerca mi sono basata sostanzialmente sul dialogo e sull'osservazione del piede attraverso la lettura energetica.

Ho rilevato che sul piede vi sono stati dei cambiamenti visibili; ad esempio zone con ispessimento (calli e duroni) sono più distese meno dolorose al tatto e presentano un colorito più chiaro.

Conclusioni

Posso affermare obbiettivamente che ci sono stati dei notevoli miglioramenti, come già ho affermato in precedenza.

Inoltre ho verificato che l'interazione di queste due tecniche in gravidanza sono in grado di stimolare un intimo contatto tra la terapeuta, in questo caso sono stata io, e la donna, e contribuisce a far sì che quest'ultima non si senta abbandonata, bensì accolta e rassicurata, che affronti le diverse fasi del travaglio con serenità e fiducia nelle proprie capacità e che percepisca come, anche fisicamente, ci si sta prendendo cura di lei.

Molto spesso ho sentito forte, da parte delle donne prese in esame, la voglia di essere ascoltate e rassicurate, perché la donna in questa fase della vita diventa molto vulnerabile quindi bisogno di continue conferme.

E' stata una sensazione molto bella quella di sapere di poterle aiutare.

Naturalmente ho incontrato delle difficoltà, ma con il loro aiuto sono riuscita a trovare la strada giusta per risolvere i grandi e piccoli problemi che si portavano dietro.

Come già sicuramente ho detto in precedenza, mi sono basata per la terapia dei Fiori di Bach, soprattutto sulle emozioni che mi comunicavano attraverso il **dialogo e la lettura energetica del piede.**

Purtroppo nel campo delle terapie "alternative" l'Italia è molto indietro rispetto ad altri paesi, ed è un vero peccato perché la Riflessologia Plantare è una ottima

soluzione in diverse fasi della vita, e attraverso l'esperienza di cui ho scritto, ho verificato che il cammino verso una nuova vita accompagnata dall'interazione delle due tecniche cambia notevolmente l'intero percorso: "dall'incertezza alla certezza, dal dubbio alla sicurezza, dal buio alla luce."

Università Popolare dello Sport
Scuola Superiore di Riflessologia Plantare
Mappa individuale

sin dorsale dx

dx plantare sin

IL CASO "A"

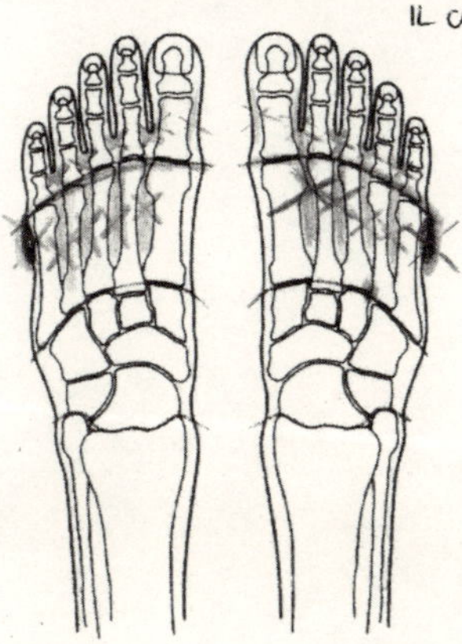

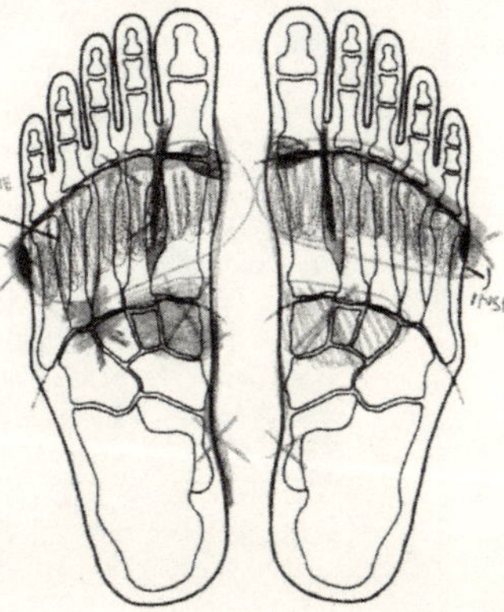

Nome data

SIGNORA "A" OSSATURA DEL PIEDE GROSSA, PIEDE CALDO E UN PO' SECCO INTORNO AL CALCAGNO, TESSUTO UN PO' SPESSO INTORNO AI MALLEOLI.

sin mediale dx

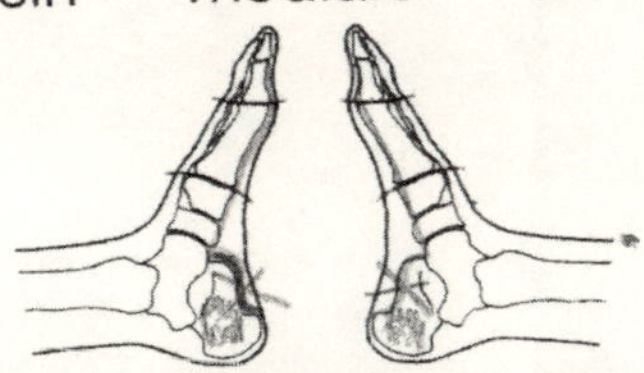

dx laterale sin

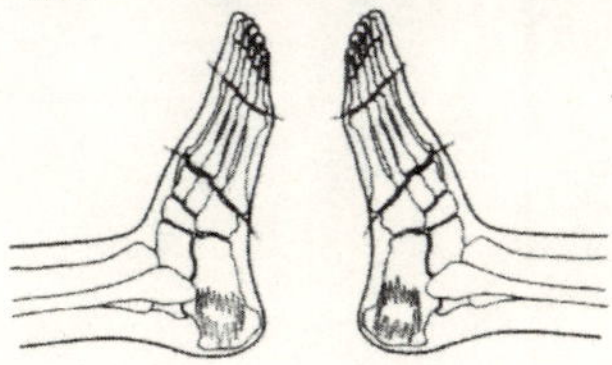

UPTER-SPORT

Scuola Superiore di Riflessologia Plantare

Scheda di accertamento

Accoglienza data 10/10/2012

Dati personali

Nome e cognome: SIGNORA "A"

Data di nascita: 1985 Professione: MODELLA OCCASIONALE

Indirizzo: CAP:

Telefono: Cellulare: E-Mail:

Hobby e sport: PRATICA MOLTO SPORT

Relazioni familiari: BUONE MA HA LA FAMIGLIA LONTANA

Situazione

Motivo della visita: GRAVIDANZA IN ATTO.

Condizioni generali: BUONE

Diagnosi mediche: GRAVIDANZA NORMALE PUO' PRATICARE LA RIFLESSOLOGIA PLANTARE SUPERATI I 3 MESI DI GRAVIDANZA

Farmaci o rimedi naturali assunti attualmente: NESSUNO, IN PASSATO ANTIDEPRESSIVI

Altri trattamenti in corso: NESSUN TRATTAMENTO

Trattamenti già svolti per il problema principale: /

Risultati ottenuti: /

1

Esame obiettivo

Esame posturale del piede

Piano di trattamento

Obiettivi del trattamento MIGLIORARE LO STILE DI VITA, PRESA DI COSCIENZA DELLE PROPRIE PROBLEMATICHE FISICHE PER AFFRONTARE MEGLIO LA GRAVIDANZA. RIEQUILIBRARE GLI STATI EMOTIVI DURANTE LA GRAVIDANZA

Frequenza e numero delle sedute UNA VOLTA A SETTIMANA, CIRCA 20 SEDUTE DI 40-50 minuti CIRCA, NELL'OTTAVO MESE NE ABBIAMO FATTE SOLO 2 SEDUTE

Direzioni di lavoro e cautele CAUTELE SULLA ZONA DELLA VESCICA, OVAIE E UTERO

Azioni integrative

Floriterapia, O.E. FIORI DI BACH

Esami, ricerche, visite specialistiche e altri trattamenti suggeriti

Suggerimenti sullo stile di vita

SMETTERE DI FUMARE, MANGIARE DI PIU' E PIU' SANO.

Modificazioni e obiettivi raggiunti

3

Trattamenti

Data	REAZIONI IMMEDIATE E SECONDARIE
10/10/2012	• DOLORE AL TOCCO SULLA ZONA DELLA COLONNA VERTEBRALE SOPRATUTTO A LIVELLO DELLA Z.R. LOMBO SACRALE. • INSPESSIMENTO E DOLORE A LIVELLO DELLE SPALLE E DEL CINGOLO SCAPOLARE • ZONE ALGICHE, CARDIAS, ESOFAGO, PILORO, E FEGATO • ZONA SINTOMATOLOGICA STOMACO
17/10/2012	• ZONA LOMBO SACRALE FA MALE, COMPARE LA TOSSE SECCA E BRUCIORE DI STOMACO, LA SIGNORA APPARE UN PO' STANCA
4° TRATTAMENTO	COMPARE DOLORE SULLA ZONA DEI POLMONI BRONCHI, TUTTO L'APPARATO RESPIRATORIO, ALL'INIZIO ERA SOLO GONFIO E PIU' ROSSO SENZA DOLORE, ORA FA MALE AL TOCCO E PRESENTA TOSSE SECCA, [illegible] VOCE RAUCA.
5° TRATTAMENTO E 6° TRATTAMENTO	LAVORO SU TUTTA LA Z.R. DELLA COLONNA VERTEBRALE, LA ZONA DELLO STOMACO IN SEDAZIONE, INSIEME ALL'APARATO RESPIRATORIO CHE APPARE INFIAMMATO
7° TRATTAMENTO E 8° "	EFFETTO DI ERUZIONE CUTANEA SULLA GUANCIA DESTRA - CONTINUO I TRATTAMENTI CON LA STESSA DILUIZIONE DI FIORI DI BACH, M SOFFERMO SEDANDO SEMPRE LA Z.R. DEI POLMONI.
9° TRATTAMENTO 10° "	LA ZONA DEI POLMONI E' SEMPRE ROSSA LA ZONA R. LOMBO SACRALE FA MENO MALE. LE LAVORO • GANGLI LINFATICI DELLA ZONA DI TESTA E COLLO A CAUSA DELLA SENSAZIONE DI PESENTEZZA DELLA TESTA
11° TRATTAMENTO 12° "	CONTINUO SEMPRE A LAVORARE LA ZONA DEI POLMONI FARINGE, LARINGE, TRANCHEA, E BRONCHI. LA ZR DELLO STOMACO, PILORO LA ZONA DELLE SPALLE E CINGOLO SCAPOLARE FA MENO MALE

4

Trattamenti

Data	REAZIONI IMMEDIATE E SECONDARIE
17° TRATTAMENTO 18° TRATTAMENTO	LA SIGNORA A ENTRA NELL' OTTAVO MESE NON HA SMESSO DI FUMARE, HA ANCORA LA TOSSE SEMPRE SECCA, LA ZR RISULTA ANCORA ALTERATA
IL 9° MESE	HA DIMINUITO IL NUMERO DI SIGARETTE E' DISPOSTA AL DIALOGO - I DOLORI ALLO STOMACO SI SONO ALLEGGERITI, LA SCHIENA E' PIU' RILASSATA, LA ZONA R. DELL' APPARATO RESPIRATORIO RIMANE ANCORA ABBASTANZA INFIAMMATA LA TOSSE E' DIVENTATA GRASSA CON MOLTO PRODUZIONE DI MUCO MA SI PRESENTA MOLTO PIU' SICURA DI SE STESSA.
19° TRATTAMENTO 20° TRATTAMENTO	RIMANE VISIBILMENTE ALTERATA LA ZONA RIFLESSA DEI POLMONI E VIE RESPIRATORIE, ANCHE SE AL TOCCO FA MENO MALE - LA Z.R LOMBO SACRALE NON FA PIU' MALE, LA Z.R DELLO STOMACO NON PIU' DOLENTE, LE ZONE LINFATICHE SUPERIORI NON SONO PIU' DOLENTI.

4

UPTER-SPORT

Scuola Superiore di Riflessologia Plantare

Scheda di accertamento

Accoglienza | data 20/01/2013

Dati personali

Nome e cognome: SIGNORA B

Data di nascita: 1979 Professione: SEGRETARIA

Indirizzo: .... CAP: ....

Telefono: .... Cellulare: .... E-Mail: ....

Hobby e sport: CUCINARE

Relazioni familiari: BUONE MA HA LA FAMIGLIA LONTANA

Situazione

Motivo della visita: GRAVIDANZA INIZIO 5° MESE, ~~[illegible]~~ CON DIFFICOLTÀ AD ADDORMENTARSI E NAUSEE, MINZIONI DOLOROSE

Condizioni generali: BUONE

Diagnosi mediche: GRAVIDANZA NORMALE PUO' PRATICARE LA RTP SUPERATI I 3 MESI DI GRAVIDANZA

Farmaci o rimedi naturali assunti attualmente: USA MEDICINALI IN ALCUNI CASI OSTEOPATICI, IN PASSATO HA USATO GIA' I FIORI DI BACH

Altri trattamenti in corso: ....

Trattamenti già svolti per il problema principale: ....

Risultati ottenuti: ....

1

UPTER-SPORT

Scuola Superiore di Riflessologia Plantare

Scheda di accertamento

Accoglienza **data** 20/01/2013

Dati personali

Nome e cognome: SIGNORA B

Data di nascita: 1979 Professione: SEGRETARIA

Indirizzo: ... CAP: ...

Telefono: ... Cellulare: ... E-Mail: ...

Hobby e sport: CUCINARE

Relazioni familiari: BUONE MA HA LA FAMIGLIA LONTANA

Situazione

Motivo della visita: GRAVIDANZA INIZIO 5° MESE, [illegible] CON DIFFICOLTÀ AD ADDORMENTARSI E NAUSEE, MINZIONI DOLOROSE

Condizioni generali: BUONE

Diagnosi mediche: GRAVIDANZA NORMALE PUO' PRATICARE LA RTP SUPERATI I 3 MESI DI GRAVIDANZA

Farmaci o rimedi naturali assunti attualmente: USA MEDICINALI IN ALCUNI CASI OSTEOPATICI, IN PASSATO HA USATO GIA' I FIORI DI BACH

Altri trattamenti in corso: ...

Trattamenti già svolti per il problema principale: ...

Risultati ottenuti: ...

1

Esame obiettivo...

Esame posturale del piede..

Piano di trattamento

Obiettivi del trattamento..MIGLIORARE LO STILE DI VITA, FAR AFFRONTARE AL MEGLIO LA GRAVIDANZA, DIMINUIRE LE MINZIONI FREQUENTI E DOLOROSE CHE SI SONO PRESENTATE SUCCESSIVAMENTE.

Frequenza e numero delle sedute...OGNI 8-10 GIORNI 16 SEDUTE

Direzioni di lavoro e cautele...CAUTELA NELLA ZONA DELLE OVAIE, VESCICA E UTERO

Azioni integrative

Floriterapia, O.E.....FIORI DI BACH

Esami, ricerche, visite specialistiche e altri trattamenti suggeriti

Suggerimenti sullo stile di vita

MANGIARE PIU' SANO E POSSIBILMENTE UN PO' MENO ASSOCIANDO PIU' MOVIMENTO

Modificazioni e obiettivi raggiunti..

Trattamenti

Data	REAZIONI IMMEDIATE E SECONDARIE
20/01/2013	I PROBLEMI CHE PRESENTA SONO A CARICO DEL SISTEMA CIRCOLATORIO E LINFATICO, GONFIORE INTORNO ALLE CAVIGLIE E TUTTI GLI ARTI INFERIORI, RIGIDITA' ALLA SCHIENA E SULLE SPALLE, PIROSI, NAUSEE E DIFFICOLTÀ AD ADDORMENTARSI, MINZIONI FREQUENTI E DOLOROSE
2° TRATTAMENTO	-MOLTO AGITATA, MANGIA TANTI SNACK ANCHE DURANTE IL TRATTAMENTO, LE LAVORO TUTTA LA Z.R DELLA SCHIENA SOPRATTUTTO LOMBO SACRALE E CERVICALE, LE SPALLE, ALLA FINE LE FACCIO QUALCHE MANOVRA DI L.D.R PER CERCARE DI SGONFIARE UN POCHINO LA PARTE DORSALE DEL PIEDE E LE CAVIGLIE
3° TRATTAMENTO 4° "	LAVORO TUTTO L'APPARATO URINARIO, LAVORO SEMPRE LE ZONE RIFLESSE LINFATICHE PER IL PROBLEMA DEL GONFIORE DEGLI ARTI INFERIORI, E LA ZONA R. DELLA COLONNA VERTEBRALE.
5° " 6° "	LA SIGNORA SEMBRA UN POCHINO RASSEGNATA, PIENA DI PAURE E INCERTEZZE VADO AVANTI CON LA STESSA TERAPIA ELIMINO ELM E WILLOW, E INSERISCO WHITE CESTNUT X IL TROPPO LAVORO MENTALE E CLEMATIS E SCLERANTHUS X LA MANCANZA DI CENTRATURA
7° TRATTAMENTO 8° "	MANGIA IN MODO DISORDINATO, MANGIA TANTI FUORI PASTI, HA BRUCIORE DI STOMACO E PIROSI
9° TRATTAMENTO 10° "	IL DOLORE ALLE SPALLE È MIGLIORATO MOLTO, LE NAUSEE SONO DIMINUITE, LA PIROSI È ANCORA PRESENTE

4

Università Popolare dello Sport
Scuola Superiore di Riflessologia Plantare
Mappa individuale

sin dorsale dx

dx plantare sin

IL CASO C

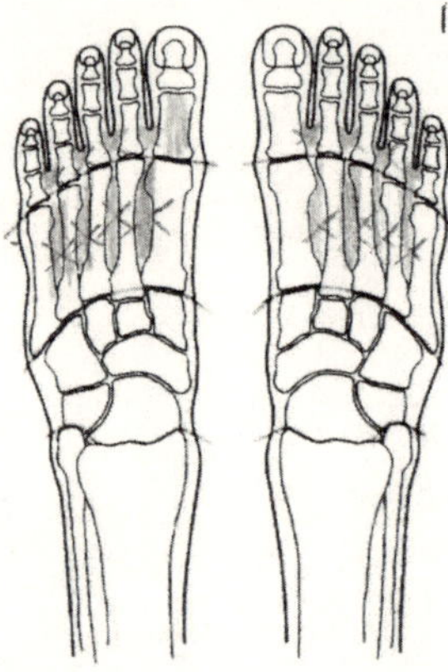

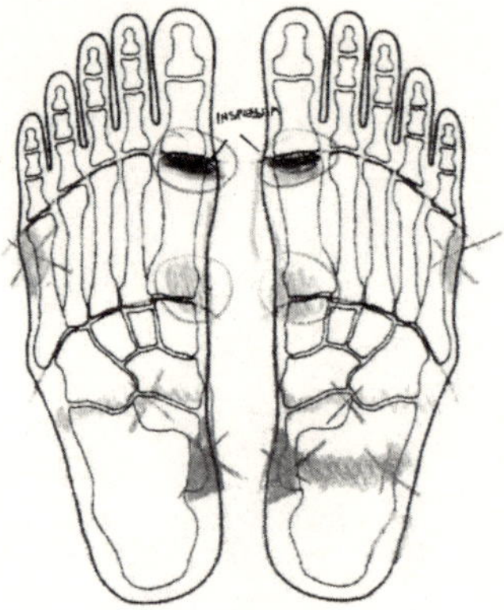

Nome data

PIEDE UMIDO, SCREPOLATO
INTORNO AI MALLEOLI, PIEDE ARCATO
CON LE DITA DECRESCENTI

sin mediale dx

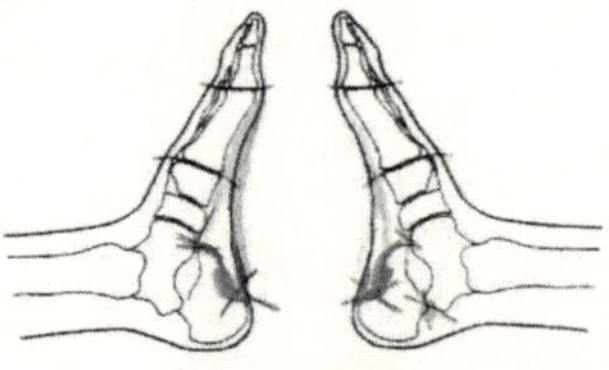

dx laterale sin

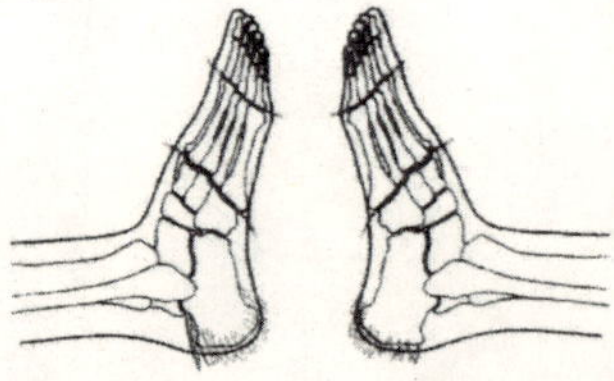

UPTER-SPORT

Scuola Superiore di Riflessologia Plantare

Scheda di accertamento

Accoglienza **data** 18/04/2013

Dati personali

Nome e cognome SIGNORA C.

Data di nascita 1984 Professione CASALINGA

Indirizzo CAP

Telefono Cellulare E-Mail

Hobby e sport DÉCOUPAGE, PREPARARE I DOLCI

Relazioni familiari CON I FRATELLI OTTIME, NON HA I GENITORI.

Situazione

Motivo della visita GRAVIDANZA, EVACUAZIONI DOLOROSE E POCO FREQUENTI

Condizioni generali BUONE

Diagnosi mediche PUÒ PRATICARE LA RTP SENZA PROBLEMI

Farmaci o rimedi naturali assunti attualmente NESSUNO

Altri trattamenti in corso =

Trattamenti già svolti per il problema principale /

Risultati ottenuti /

1

Esame obiettivo

Esame posturale del piede

Piano di trattamento

Obiettivi del trattamento AVERE UNA GRAVIDANZA SERENA, AUMENTARE LE EVACUAZIONI, ELIMINARE IL DOLORE. CONTINUARE AD AVERE FIDUCIA IN SE STESSI NONOSTANTE IL CAMBIAMENTO CHE IN GRAVIDANZA INEVITABILMENTE SI SUBISCE.

Frequenza e numero delle sedute OGNI 10 GIORNI CIRCA 15 SEDUTE

Direzioni di lavoro e cautele HO EVITATO LE ZONE DI OVAIE E UTERO

Azioni integrative

Floriterapia, O.E. FIORI DI BACH

Esami, ricerche, visite specialistiche e altri trattamenti suggeriti

Suggerimenti sullo stile di vita

FARE TANTE PASSEGGIATE, BERE TANTO ANCHE TISANE, ASSUMERE ALIMENTI PIENI DI FIBRE.

Modificazioni e obiettivi raggiunti

3

Trattamenti

Data	REAZIONI IMMEDIATE E SECONDARIE
18/9/2013	PIEDE MOLTO GONFIO SULLA PARTE DORSALE, PRESENTA LA ZONA DI SIGMA E ANO GONFIO E DOLENTE, ZONA DEL SACRO E NERVO SCIATICO DOLENTE AL TOCCO. LA ZONA LOMBO SACRALE È SINTOMATOLOGICA. LA ZONA DELLA CERVICALE E INSPESSITA E DOLENTE AL TOCCO. ZONA DEI LINFATICI DI ~~…~~ TESTA E COLLO DOLENTI.
28/9/2013 3° TRATTA 4 TRATTAMENTO	AUMENTO DELLE NAUSEE, STIPSI, CONSIGLIO DI FARE TANTE PASSEGGIATE, DI BERE TISANE LASSATIVE, E CIBI RICCHI DI FIBRA, LAVORO TUTTA LA ZONA DELL'APPARATO INTESTINALE
5° TRATTAMENTO 6° "	LA SIGNORA APPARE POCO ENTUSIASTA, UN PO' SPENTA, CONTINUO A LAVORARE LA ZONA DI SACRO E COCCIGE E DELLA CERVICALE, LE LAVORO LA ZONA DI TESTA E COLLO XCHÉ LAMENTA PESANTEZZA ALLA TESTA, INSERISCO I FIORI DI BACH.
7° TRATTAMENTO 8 TRATTAMENTO	MI DICE CHE IL DOLORE AL COCCIGE È SPARITO, CON LA SCHIENA STA ABBASTANZA BENE.
10° TRATTAMENTO 11 "	LA SIGNORA C RIESCE AD EVACUARE SOLO DOPO IL TRATTAMENTO, ALTRIMENTI PASSANO SEMPRE 3 GIORNI PRIMA CHE RIESCA AD EVACUARE.
12 " 13 "	CONTINUA A TRATTARE SEMPRE LA ZONA DELL'INTESTINO CON SIGMA E ANO
14° TRATTAMENTO 15 "	LA SIGNORA C DOPO UN PERCORSO DI INTEGRAZIONE CON I FIORI DI BACH È PIU' SERENA, E RIUSCITA A TIRARE FUORI IL PROBLEMA CHE LA BLOCCAVA. LA POSTURA È PIU' DRITTA, LE EVACUAZIONI SONO OGNI 4 2 GIORNI E NON FANNO MALE, IL DOLORE LOMBO SACRALE È COMPLETAMENTE SPARITO. LE NAUSEE SONO RICOMPARSE ALL'ULTIMO MESE.

Bibliografia

Marquaedt H: *Manuale di Riflessoterapiaal piede.Mlano.* Guna Editore 1995.

Hall N .: *Riflessologia per vivere bene.Milano* Armenia Ed., 1997.

Byersd.c : *La riflessoterapia del piede.*Ed.Padova. Mediterranee 1995.

Fantini P.: *Manuale di riflessologiaplantare.* Ed. V.P., 2000.

Galli A .: *Foot Reflexology.* Gala Publishers1995.

Chaitow L .: *Massoterapia Neuromuscolare.*Red. Edizioni, 2000.

Mantovani, Sonia, *Curarsi con i fiori di Bach*, Grandi manuali Newton, Roma, 2003

Riflessologia Plantare in travaglio di Partoc. Pizzi, A. Sorace, M.G. Pellegrini 2004

Marquardt, Hanne, *Manuale di Riflessoterapia al piede*, Edizioni Mediterranee, Roma, 2010

Ricardo Orozco. Nuovo Manuale della Diagnosi Differenziale dei Fiori di Bach , 2013 cenro benessere Psicofisico

Mercanti, Giovanni, *La legge degli opposti complementari in reflessologia plantare*, Torino, 2010

Nocentini, Fabio, Peruzzi, Maria Laura, *Il grande libro dei Fiori di Bach*, Giunti editore, Milano, 2004

Sitografia

www.alkaemia.it/fioribach_cosasono.php (14/06/2013)

guide.supereva.it/naturopatia/interventi/2010/01/riflessologia-plantare-in-gravidanza

www.naturopatiaeuropea.it/cms/Enciclopedia/Massaggio%20metamorfico.html

gravidanza.doctissimo.it/durante-gravidanza/cure-prenatali/benefici-riflessologia-plantare-gravidanza.html

www.annazelli.com/fiori-di-bach-mappa-floriterapia-i-fiori-per-anima.htm

www.ondarmonica.wordpress.com/programma-internazionale-di-formazione-sui-fiori-di-bach

youcanprint

Finito di stampare nel mese di Novembre 2013
per conto di Youcanprint *Self - Publishing*